Josephin Lehnert

Der Leipziger Augustusplatz:

Betrachtung eines innerstädtischen Platzes im Kontext des ‚gelebten' Raumes

Diplomica® Verlag GmbH

Lehnert, Josephin: Der Leipziger Augustusplatz: Betrachtung eines innerstädtischen Platzes im Kontext des ‚gelebten' Raumes, Hamburg, Diplomica Verlag GmbH 2010

ISBN: 978-3-8366-8645-7
Druck Diplomica® Verlag GmbH, Hamburg, 2010

Bibliografische Information der Deutschen Nationalbibliothek
Die Deutsche Nationalbibliothek verzeichnet diese Publikation in der Deutschen Nationalbibliografie; detaillierte bibliografische Daten sind im Internet über http://dnb.d-nb.de abrufbar.

Die digitale Ausgabe (eBook-Ausgabe) dieses Titels trägt die ISBN 978-3-8366-3645-2 und kann über den Handel oder den Verlag bezogen werden.

Inhaltsverzeichnis

B Untersuchungsbeispiel: Der Leipziger Augustusplatz

Abbildungsverzeichnis

Tabellenverzeichnis

A Thematische Einführung

1. Einleitung

Eine Stadt ist nicht gleich eine Stadt. Anzunehmen, eine Stadt sei eine bloße Zusammenstellung unterschiedlichster Einzelkomponenten, die in einem Wirkungs- und Funktionengefüge zueinander stehen und dadurch ein Gesamtbild erzeugen, wird vermutlich nicht zu einem zufriedenstellenden Ergebnis führen, denn allein zu sagen, Stadt sei die Gesamtheit ihrer Einzelteile: Straßen, Plätze, Gebäude, Parkanlagen, Infrastrukturen usw., erfüllt kaum den Anspruch der Vollständigkeit. Eine solche Stadt wäre vermutlich eine leblose Stadt. Gleich einer Kulisse für ein Theaterstück stellt sich die städtische Silhouette, die Materialität der Stadt, als urbane Kulisse dar.

Vor dieser spielt sich das städtische Leben ab, durch das der Stadtraum seine Bedeutung und Funktion erhält. Die menschliche Aneignung, die Belebung des materiellen Raumes macht aus der städtischen Kulisse das, was im eigentlichen Sinne unter Stadt zu verstehen ist. Die Stadt ist keineswegs nur als materieller Raum zu verstehen, dieser wird in einem immerwährenden Prozess angeeignet, mit Symbolismen und Bedeutungen versehen, menschlich belebt. Stadt wird auch nicht nur ihren unterschiedlichen Funktionszuweisungen nach genutzt, sie wird dabei auch erlebt, namentlich gefühlt. Sie vermittelt einen Eindruck und wird auf eine Art erlebt, die über die visuell, auditiv und olfaktorisch wahrnehmbaren Komponenten hinausgeht und sich aufgrund verschiedenster Wirkursachen zu einem immateriellen Gesamteindruck verdichtet. Die Stadt wird zwar wahrgenommen aufgrund ihrer Materialität, es werden Geräusche, Gerüche, Bilder perzipiert, aber zudem wird die Stadt auch ‚empfunden' und gefühlsmäßig wahrgenommen. Die Fachliteratur spricht in diesem Zusammenhang vom ‚gelebten' Raum, in deutlicher Abgrenzung zum rein physisch-materiellen Umgebungsraum. Wenn vom ‚gelebten' Raum die Rede ist, dann soll damit betont werden, dass es sich nicht nur um den materiellen Raum handelt, sondern dass von Lebensqualitäten die Rede ist, von menschlichem Ergreifen und Ergriffensein. Das Konzept ‚gelebter' Raum suggeriert, dass Städte und städtische Räume Individualität aufweisen und zwar nicht nur aufgrund ihrer materiellen Diversität, sondern auch aufgrund ihrer jeweils unterschiedlichen

Aneignung, Belebung, der humanen Agitation, die in jedem Raum ein besonderes Klima, eine spezifisch Grundstimmung schafft.

Beleben und Erleben stehen dabei im Vordergrund, beide sind miteinander verknüpft. Die Form der Belebung hat direkten Einfluss auf die Form des Erlebens und ebenso wirkt sich das Erleben unmittelbar auf die Art der Belebung aus. Das Wesen der Stadt und deren Räume, die Stadt als ‚gelebter‘ Raum, sind nicht einfach kategorisier- und katalogisierbar. Ein diskursives Erfassen ist mit erheblichen Schwierigkeiten verbunden. Während Handlungs- und Aneignungsmuster sowie Anschauungsräume noch relativ einfach zu dokumentieren sind, ist die systematische Vermittlung gefühlter Umgebungsqualität nur begrenzt möglich, da Gefühle und Anmutungen einerseits schwer zu identifizieren und andererseits schwer zu verbalisieren sind. Es soll der Versuch unternommen werden, einen konkreten städtischen Raum als ‚gelebten‘ Raum zu betrachten, zu beschreiben und zu beleuchten. Die Frage ist auch, inwieweit sich das Konzept des ‚gelebten‘ Raumes anwendungsorientiert verwerten lässt.

Der Untersuchungsgegenstand ist ein öffentlicher städtischer Freiraum, ein Platz. Öffentliche Plätze sind im Hinblick auf ihre Wirkung sensible Kumulationspunkte im städtischen Gefüge. Die Wirkung eines städtischen Platzes kann sehr weit in die urbane Umgebung abstrahlen und den Gesamteindruck eines städtischen Quartiers oder sogar einer ganzen Stadt sowie deren Antlitz, Atmosphäre und Qualität wesentlich mitprägen. Plätze sind konstitutiv für die Identität, das Image und die Qualität einer Stadt. Städte werden auch über ihrer Freiräume definiert (KNIRSCH 2004: 13) und Plätze dienen somit als städtisches Prestigeobjekt. Sie sind wichtige Darstellungsmittel im stadtplanerischen Handlungsfeld. Ihre Bedeutsamkeit rechtfertigt eine umsichtige Handhabung ihrer Gestaltung. Gleichwohl Städtebauliche Planung nicht nur funktional sondern auch nach ästhetischen Aspekten und auf Wirkung ausgerichtet ist, wird eine ganzheitliche Wirkung häufig repräsentativen, politischen oder ökonomischen Vorgaben untergeordnet. Doch ist der qualitative Wert eines städtischen Raumes kaum oder nicht nur anhand seines materiellen und ästhetischen Kapitals zu bestimmen. Mit dem Anliegen, hochwertige, lebenswerte städtische Räume zu schaffen, sollte auch ein Interesse für die gefühlsmäßige Wirkung von Räumen einhergehen. Städtische Räume sind komplexe Gebilde, in denen sich unterschiedliche Wirkursachen zu ganzheitlichen Ausdrucksmomenten vereinen. Geschichte überlagert Gegenwart, Wahrnehmung generiert Verhalten, äußerliche Gestalt beeinflusst Aneignung. Ansinnen städtebaulicher Planung sollte ein umfassendes Verständnis von Raum sein, das über materielle und ästhetische Aspekte hinausgeht und den entsprechenden Raum als wirksamen Charakter im Stadtbild begreift, als ‚gelebten' Raum.

Untersuchungsbeispiel ist der Leipziger Augustusplatz, ein zentraler öffentlicher Raum in Leipzig. Dieser Platz stellt sich im Stadtgefüge als eine weiträumige Freifläche dar. Er galt in früheren Zeiten als einer der größten Europas und auch als einer der schönsten. Wie viele europäische Plätze, Bauten und Ensembles, fiel er der gewaltsamen Zerstörung im 2. Weltkrieg anheim. Seitdem hat sich sein Antlitz, das zuvor in über 100jähriger Entstehungsphase unnachahmlich und stetig gewachsen war, stark verändert. Bei der Neugestaltung ist einem feinfühligen Umgang mit kulturellen Zeitzeugnissen keine Rechnung getragen worden. Stattdessen wurde der Augustusplatz unter Aufopferung historischer Bausubstanz zum Vorzeigeobjekt propagandistischer DDR-Ideologie und -architektur. Im Wendeherbst 1989 fanden hier unter anderem die friedlichen Montagsdemonstrationen statt. Nachfolgend wurde versucht, in einem vorsichtigen Umgestaltungsprozess den Platz wieder seiner ursprünglichen Bestimmung eines innerstädtischen Freiraumes mit bestimmten Aufenthaltsqualitäten und Nutzungsanreizen zurückzuführen und damit der Stadt Leipzig ein Stück verlustig gegangener Identität zurückzugeben.

Der Schwerpunkt soll auf einer ganzheitlichen Beschreibung des Platzraumes liegen. Dabei werden nicht nur physisch-materielle Gegebenheiten, sondern auch die dahinter liegenden unsichtbaren Strukturen, der Charakter des Platzes und seine Atmosphäre, seine Aneignung und Belebung, seine Entstehungsgeschichte und seine Bedeutung wichtig sein. Der Platz wird in seiner Entwicklung beleuchtet und vergleichend dazu der Status Quo ermittelt im Hinblick auf eine umfassende Gesamtbeurteilung des Augustusplatzes.

2 Raumkonzeptioneller Diskurs

Der spatial turn[1] der 80er Jahre in der Geographie, den Kultur- und Sozialwissenschaften hat die Rede vom Raum auf zweierlei Weise beeinflusst. Zum einen wurde der Raum wieder ins Licht der Forschung gerückt und von anderen Standpunkten als bisher beleuchtet, zum anderen sind völlig neue Zugänge zum Thema Raum gefunden und ausgearbeitet worden. Der Begriff ‚spatial turn' bezeichnet auch ein ein ‚Raumübergreifen' auf Nachbardisziplinen, wie zum Beispiel Geschichtswissenschaften. Die moderne Geographie erhebt nicht mehr den Anspruch, Raumwissenschaft zu sein, wie es die klassische Geographie tat. Soziale, kulturelle und gesellschaftliche Phänomene sind verstärkt in den Mittelpunkt gerückt. Man entfernte sich von den klassischen geographischen Raumbegriffen (Landschaft, Naturraum, Ökosystem, Wahrnehmungsgesamtheit, physisch-materielle Umwelt) bzw. besetzte diese mit neuen Bedeutungen (HARD 1993: 70).

Herkömmliche geographische Raumkonzepte kategorisieren den Raum häufig als materielle Wirklichkeit (Raum 1), als Containerraum (Raum 2), abstrakte Ordnungsstruktur (Raum 3) oder als ‚Räumlichkeit' im Sinne von Lagerungsqualitäten der Körperwelt (Raum 4) (WEICHHARDT 1998: 77f.). Das physikalisch-mathematische Raumkonzept als eine Synthese des mathematischen und des absoluten physikalischen Raumes wird als grundlegendes Basiskonzept von Raum verstanden, auf dem andere Konzepte von Raum aufbauen.[2] Es prägt die allgemeine Vorstellung von Raum, den von

---

[1] Der Begriff geht auf Ed Soja zurück. Soja proklamierte eine Abwendung von herkömmlichen Raumkonzepten und bot seine in Anlehnung an Henri Lefebvre konstruierte ‚Trialektik der Räumlichkeit' an, nach der sich Raum als wahrgenommenen Raum, als vorgestellten Raum und als gelebter Raum präsentiert (SCHUBERT 2000: 17, SOJA 2003).

[2] Der Raum wurde historisch entweder als Leere betrachtet, in der sich alles Seiende befände oder als endliche Ausdehnung und damit den Körpern immanente und gleichwertige Eigenschaft oder aber als alles umschließendes Ganzes allen Seien. Helmut Newton brachte im 18. Jh. das Konzept des absoluten Raumes hervor, der sich als der dreidimensionale euklidische Raum der Mathematik konstituiert, charakterisiert durch die Eigenschaften gleichbleibend und unbeweglich. Dieser Raum wird als Behältnis aufgefasst, in dem alle Dinge sind, als ‚Leere', indem die Dinge sich befinden (JAMMER 1954: 102ff.). Einstein nannte diese Auffassung das Container-Prinzip,

den Menschen alltäglich gedachten. Und obgleich das Wissen um den Raum, vor allem in physikalischer Hinsicht, sich schon lange vom absoluten Raum entfernt hat, ist es eben dieses Konzept, das sich als stabil und alltagstauglich erhalten hat (BOLLNOW 1994: 16, SCHUBERT 2000: 23). Es prägt die der menschlichen Vorstellung immanente Idee von Raum als dreidimensionales Gebilde und versieht ihn mit seinen raumtypischen Eigenschaften. Der klassische physikalische Raumbegriff basiert auf menschlicher Syntheseleistung und ist somit rein gedankliches Konstrukt, ein Behelfsmittel, das den Raum auf die euklidische Geometrie reduziert (SCHUBERT 2000: 11). Abstrakte Raumkonzepte, wie soziale oder soziologische Raumkonzepte oder die Idee des virtuellen Raumes im Cyberspace leiten sich in ihren Grundvorstellungen häufig von den Eigenschaften des physisch-materiellen bzw. absoluten Raums ab. Das physikalisch-mathematische Konzept des dreidimensionalen Euklidischen ‚Container'-Raumes und die klassischen geografischen Raumkonzepte beachten weder gesellschaftliche noch soziale Rauminhalte und deren Funktionen. „Das physikalische Raumbild blendet den funktionalen Kontext der gesellschaftlich-sozialen Inhalte des Raumes vollständig aus, als ob beispielsweise der öffentliche Raum, unabhängig von den Menschen die ihn organisieren und darin leben, eine eigenständige Kategorie sei" (SCHUBERT 2000: 11). Diese müssen als raumwirksam anerkannt werden. An die Stelle systematischen Beschreibungen der real vorfindlichen materiellen und sozialen Phänomene der Erdoberfläche sollte eine Synthese vollziehende erweiterte Theorie treten, welche den Menschen sublim in den Raum integriert und zwischen ihm und seiner Umwelt eine Verbindung herstellt als eine übergeordnete räumliche Realität. Raum soll nicht nur als physisch-materielles Konstrukt, sondern als

---

welches er neben das Konzept der Lagerungsqualität der Körperwelt stellte. Der absolute Raum bzw. der Container-Raum existiert unabhängig von der Körperwelt, als eine der Körperwelt übergeordnete Realität. Der Raum als Behälter existiert a priori, ohne dass in ihm Körper oder Verdinglichungen vorhanden sein müssen; gleich einer leeren Schachtel, die aber gefüllt werden kann (EINSTEIN 1994). Den rein mathematischen Raum zeichnet eine Reihe von Eigenschaften aus: er ist in sich ungegliedert und völlig gleichmäßig, er dehnt sich unendlich nach allen Seiten aus, kein Punkt ist vor einem anderen ausgezeichnet und auch keine Richtung, es kann also jede beliebige Richtung zur Koordinaten-Achse werden und der Raum hat keinen natürlichen Koordinaten-Mittelpunkt, jeder Punkt kann als Mittelpunkt gedacht werden (BOLLNOW 1994: 17).

Lebenswirklichkeit und Lebensmedium verstanden werden. (BAIER 2000: 7, BOLLNOW 1994: 18)

2.1 Der gelebte Raum

Die Idee des ‚gelebten Raumes' wurde als phänomenologische Anschauung formuliert, deren Ziel es war, dem mathematischen und physikalischen Raumverständnis ein Schema entgegenzusetzen, in dem der Mensch in seiner lebendigen Ausprägung im Mittelpunkt steht (KRUSE 1974: 31). Der Mensch, obwohl theoretisch gleichberechtigtes Objekt neben anderen Objekten in seiner physikalischen Umwelt, das sich als Teil dieser verhält, ist auch ein denkendes und emotional erlebendes Subjekt, das nicht nur im Raum lebt, sondern den Raum gleichwohl erlebt und belebt, indem er ihn mit bestimmten Qualitäten versieht (HAVER 1974: 59). Die Frage ist dabei vor allem, wie der Raum sich dem Menschen erschließt.

Der Begriff und die Konzeption des ‚gelebten' Raumes gehen auf Graf Karlfried von Dürckheim zurück, der den Begriff 1932 erstmals thematisierte und in die Fachliteratur einführte. Von Dürckheim betrachtete und konzipierte den gelebten Raum aus einer psychologischen Perspektive. Er sprach sich konkret gegen den rein physikalisch projizierten Raum und eine Trennung von Mensch und Raum aus und konstruierte stattdessen den gelebten Raum als Verwirklichungsmedium des Menschen, seinen Erfüllungsort, der „in der Eigenart seiner Qualitäten, Gliederungen und Ordnungen [...] Ausdrucks-, Bewährungs- und Verwirklichungsform des in ihm lebenden und erlebenden und zu ihm sich verhaltenden Subjekts" wird (DÜRCKHEIM 1932: 389). Die Auseinandersetzung mit dem Raum, ohne den Menschen als handelndes, ihn prägendes und einnehmendes Wesen zu betrachten, könne den Raum nicht in all seinen Aspekten erfassen (DÜRCKHEIM 1932: 387). Es sei zwar durchaus erforderlich, die Gesamtheit des Raumes aufzuzeigen, ihn in seiner dinglichen Ausprägung, seiner Vergegenständlichung zu erfassen, jedoch darf er nicht darauf reduziert werden. Der konkrete Raum ist nicht Behälter mit einem in ihm lebenden und ihn erlebenden Menschen im Zentrum, „sondern [...] dem erlebenden Subjekt aktuell und strukturell verbunden", beide zusammen bilden ein übergeordnetes Ganzes (DÜRCKHEIM 1932: 394). Raumstrukturen werden durch gesellschaftliche

Strukturen hervorgebracht, aber bestimmte Raumelemente haben auch gesellschaftliche Funktionen, der Raum schließt den Menschen in seiner Leiblichkeit, seinen räumlich vermittelten Interaktionen und Ausdrucksformen mit ein (LÄPPLE 1993: 43). Die Gesellschaft schreibt sich in den Raum ein (SCHUBERT 2000: 12).

In der phänomenologischen Forschung werden vor allem drei Aspekte des ‚gelebten Raumes' genannt. Der Raum zeigt sich einerseits in materiellen Äußerungen, er konzipiert sich als Herum-Wirklichkeit mit konkreter Gestalt, Gliederung, Ordnung. Aber darüber hinweg ist er auch als Handlungsraum (Bewegungsraum) aufzufassen, indem sich menschliches Handeln und Tätig sein vollzieht. Schließlich verfügt der Raum auch über eine Gestimmtheit (STRÖKER 1965: 17). Dürckheim schreibt dem Raum sogenannte ‚Vitalqualitäten' zu (DÜRCKHEIM 1932: 395). Als ein weiterer Aspekt des gelebten Raumes wird häufig noch der Anschauungsraum genannt. Anschauungsraum ist dabei mehr als der von Ed Soja proklamierte Wahrnehmungsraum, weil dem Subjekt „auch die *nicht* wahrgenommenen Mitgegebenheiten zugänglich" sind (GLEICHMANN 2006: 56, Hervorhebung im Original). Das bedeutet, dass ein gefühlsmäßiges Ergriffensein oder vom Raum ausgehende Handlungsanregungen nicht nur durch bewusst wahrgenommene Dinge hervorgerufen werden. Selbstverständlich sind für eine ganzheitliche Beschreibung eines Raumes noch weitere Aspekte relevant, wie die Ästhetik oder die Funktionalität eines Raumes oder dessen Bedeutung (DÜRCKHEIM 1932: 456).

Der Handlungsraum kann auch Aktions-Raum genannt werden. Er wird zu einem aktiven Raum für den Handelnden (DÜRCKHEIM 1932: 462). Dieser zeigt Raumorientierungen: Richtungen und an Richtungen orientierte Bewegungen (z.B. links - rechts, vorn – hinten, oben - unten), die sich auf das Subjekt beziehen. Die jeweiligen Richtungen sind für jedes Subjekt anders, wie für zwei sich gegenüberstehende Personen ‚vorne' objektiv betrachtet jeweils eine andere Richtung darstellt. Der Aktionsraum hat damit auch eine ausgezeichnete Mitte und die Gegenden und Orte im Handlungsraum sind qualitativ unterschiedlich (BOLLNOW 1994: 17).

Gelebter Raum ist aber nicht nur Handlungsraum sondern zugleich auch gestimmter Raum. Ihm wohnt ein lebensweltlicher Charakter inne (THURNER 1993: 252). Der Raum stellt sich als Wesensraum dar mit qualitativen

Ausprägungen (DÜRCKHEIM 1932: 437 ff.). Die im Raum innewohnende Stimmung wird durch die Ausformung des Raumes geprägt, durch die Diversität und Gesamtheit der einzelnen Komponenten des Raumes und Einflussfaktoren, also die Gestaltung des tatsächlichen Raumes. Bestimmte Rauminhalte erzeugen bestimmte Stimmungen: Raum kann als hart bzw. weich empfunden werden, als lieblich, heroisch, streng, schwer, heiter, ernst, düster, licht, frisch, lebendig, warm, nüchtern, kalt verschlossen, verhalten, widerspenstig, offen, abweisend, einladend, drohend, gefahrhaltig, beengend, belastend, bedrückend, weit, fröhlich usw. (DÜRCKHEIM 1932: 441ff.). Von Dürckheim spricht davon, dass nicht nur der Mensch im Raum, sondern auch der Raum im Menschen lebendig wird (DÜRCKHEIM 1932: 407). Der Raum erzeugt neben der rein rationellen Perzeption des Materiellen eine „Gesamteinstellung, Haltung, Gerichtetheit" sowie ein „Zumute sein" im Menschen. Der Raum wird gefühlt in der Fülle seiner Ausprägungen (DÜRCKHEIM 1932: 399). Gleichzeitig wird ein ganz bestimmtes Verhalten impliziert.

2.1.1 Die Atmosphäre des Raumes

Was den ‚gelebten' Raum von andern Raumkonzeptionen unterscheidet, ist vor allem seine Gestimmtheit. Sie wird in neuerer Literatur als Atmosphäre des Raumes gehandhabt. Die Atmosphäre stellt das subjektive Erleben von Räumen und durch Räume hervorgerufene Befindlichkeiten in den Vordergrund, wobei auch die materielle Umwelt ursächlich berücksichtigt wird (KAZIG et al. 2006: 8, BÖHME 1998b: 59).

Der Begriff der Atmosphäre geht aus etymologischer Sicht auf das 17. Jahrhundert zurück. Das Wort setzt sich zusammen aus *atmis*, *atmos*, was im griechischen Dampf, Dunst, Rauch bedeutet sowie *sphaira*, griechisch für Ball, Kugel. Anfangs wurde damit der von Himmelskörpern ausstrahlende und sie umgebende Dunst bezeichnet (HAUSKELLER 1995: 32). Ab der zweiten Hälfte des 18. Jahrhunderts wurde die Anwendung ausgeweitet auf beliebige Objekte (Personen, materielle Gegenstände) (HAUSKELLER 1995: 32). Gleichzeitig erhielt Atmosphäre die Bedeutung von Umgebung oder Nähe, wobei man „den durch die Anwesenheit eines Dinges von dessen Wesen geprägten Raum" meinte, synonym für Dunstkreis: „Alles, was sich im Dunstkreis von etwas anderem befindet, unterliegt dessen *Einfluss...*" (HAUSKELLER 1995: 33, Hervorhebung im Original). Heute wird der Begriff der Atmosphäre in zweierlei Bedeutungskonnotation verwendet: einerseits als Synonym für Erdatmosphäre, andererseits gleichbedeutend für spürbare Umgebungsqualitäten, von denen Menschen gefühlsmäßig ergriffen werden (HASSE 2008a: 103).

Frühe Ausführungen zum Atmosphärenbegriff finden sich bei Hubert Tellenbach (1968 „Geschmack und Atmosphäre") (HAUSKELLER 1995: 15) oder bei Hermann Schmitz (1964-1980 „System der Philosophie", v.a. 3. Band „Der Gefühlsraum"), der sich stark auf die Gefühle konzentriert (HAUSKELLER 1995: 21). Aufgegriffen und zu einem konkreten Begriff umformuliert wurde dieses Verständnis von Gernot Böhme, Rainer Kazig oder Jürgen Hasse. Letzterer hat dem Atmosphärenbegriff in der geographischen Stadtforschung zu Popularität verholfen hat.

Das Konzept des atmosphärischen Raumes besagt, dass Räumen eine spezifische Stimmung anhaftet, die keineswegs konstant ist. Mitunter wird von der Seele eines Raumes gesprochen (WOLFRUM 2003, DÜRCKHEIM 1932: 440). Von Atmosphäre kann gesprochen werden, wenn irgendeine durch Objekte (materielle Gegenstände, Menschen, Situationen, Räume) hervorgerufene emotionale Betroffenheit vorliegt. (HAUSKELLER 1995: 15). Die räumlichen Strukturen und Konstellationen werden von Individuen nicht nur visuell oder möglicherweise auditiv oder olfaktorisch, sondern auch sinnlich wahrgenommen, leiblich gespürt (BÖHME 1998a: 157). „Atmosphären sind räumlich ausgedehnte überpersönliche Gefühle, die im Fall von Betroffenheit leiblich ergreifen können. [...] Atmosphären ergreifen und wirken im leiblichen Befinden auf die persönliche Situation ein." (HASSE 2002:)

In einem pragmatischen Sinn sind Atmosphären demnach die Art und Weise wie Dinge sich darstellen bzw. wahrgenommen werden, wobei sich Subjekte zunächst passiv gegenüber Atmosphären verhalten (BÖHME 1998b: 7, HAUSKELLER 1995: 31). Es kann Distanziertheit, d.h. eine ausschließliche Wahrnehmung vorliegen ohne von der jeweiligen Atmosphäre direkt betroffen zu sein, oder die Atmosphäre kann in den eigenen Gefühlszustand integriert werden. Man kann eine Atmosphäre saus einer emotionalen Distanz erleben oder sich gefühlsmäßig von ihr „anstecken" lassen, so dass man von einer besonderen Stimmung erfasst wird (HASSE 2008b: 508). Dabei spielen persönliche Befindlichkeiten und Vorerfahrungen eine wichtige Rolle. Man geht davon aus, dass ein bestimmter Ort einen „individuell spürbaren atmosphärischen Eindruck erzeugt" (HASSE 2002: 76), eine Befindlichkeit, die das jeweils individuelle Befinden und Empfinden der Menschen in diesem Raum beeinflusst. Wäre dies nicht so, könnte es keine Abneigung oder Zuneigung gegenüber Räumen geben (HASSE 2002: 76). Auch wenn jeweils persönliche, auch tagesabhängige Gestimmtheiten, die Empfindung mit beeinflussen, ebenso wie Vorerfahrung, soziale Prägung, Sozialisation, herrscht eine Gestimmtheit in jedem Raum, der als Atmosphäre beschreibbar ist. Die Stimmungen oder Atmosphären sind dabei jeweils subjektiv, d.h. jeder Mensch empfindet einen Raum auf ganz persönliche Weise, allerdings als das, was von der objektiven Umgebung (Menschen, Dinge, Situationen) ausgeht, deswegen erzeugen Räume bestimmte Gesamteindrücke, spezifische Charakteristika, die sich mit denen anderer Menschen überschneiden, sich verallgemeinern lassen und über die man sich mit anderen Rezipienten austauschen kann. Die materielle Verbundenheit (mit Objekten, Menschen, Ereignissen) unterscheidet Atmosphären von Stimmungen, die thematisch nicht gerichtet sind (HASSE 2008a: 107f.). Persönliche Stimmungen beeinflussen die atmosphärische Wahrnehmung des Rezipienten. „Die persönlichen Stimmungen bilden einen Resonanzboden, auf dem das weltliche Geschehen erlebt wird" (HASSE 2008a: 111). Ebenso beeinflussen Atmosphären die subjektive Stimmung von Individuen, insofern ist die Qualität eines umgebenden Raumes für die persönliche Befindlichkeit und das Wohlgefühl höchst relevant (BÖHME 1998a: 155). Atmosphären sind nicht konstant, sondern wandelbar, so kann sich die Atmosphäre eines Ortes mit fortschreitender Tageszeit ändern, bei Dunkelheit wird eine völlig andere Atmosphäre erzeugt als bei Tageslicht.

2.1.2 Städtische Atmosphären

Das Konzept der Atmosphäre hat Eingang in die geographische Stadtforschung gefunden (KAZIG et al. 2006: 7). Jürgen Hasse forderte eine stärkere Thematisierung des Menschen als sinnliches und nicht nur vernunftbegabtes Wesen in der Humangeographie (KAZIG et al. 2006: 8). Die Humangeographie müsse sich der Aufgabe widmen, in konkreten empirischen Projekten die

Atmosphären städtischer Räume zu erforschen. Dabei sei von Interesse, inwieweit die gebaute Umwelt und welche Dimensionen der gebauten Umwelt menschliche Befindlichkeiten in konkreten Stadträumen beeinflussen" (KAZIG et al. 2006: 8). Der Atmosphärenbegriff richtet „die Aufmerksamkeit auf die Beziehung von Umgebungsqualität und Befindlichkeiten" (BÖHME 1998a: 162). Zu differenzieren sind gesamtstädtische Atmosphären, die eine Stadt als Ganzes charakterisieren sowie die Atmosphären einzelner räumlich begrenzter Orte (HASSE 2008a: 104). Erzeugt werde städtische Atmosphären durch das Zusammenwirken von materiellen Dingen oder/und konkreten Lebensformen, die bestimmtes Verhalten generieren (Hektik durch schnelles Gehen, Gemütlichkeit durch gemächliches Plaudern etc.) (BÖHME 1998b: 68). Atmosphäre entsteht aufgrund additiver Wirkungen, die von zum Teil strukturell unterschiedlichen Seiten kommen und einen „chaotisch mannigfaltigen" Eindruck erzeugen (HASSE 2002: 70).

Von Bedeutung sind dabei:
- Gebäude nach besonderer architektonischer Gestaltung
- Artefakte, die neben Gebäuden den Ort des Stadtraumes bilden (Straßenlaternen, Straßenpflaster, Gegenstände an Hausfassaden etc.)
- Vegetation aller Art
- Lichtverhältnisse
- Menschen die mit bestimmten Verhaltensmustern den Raum bevölkern
- Kulturelle (z.B. ökonomische oder touristische) Programme, die bestimmte Verhaltensmuster generieren und in Form von Erwartungshaltungen in den Raum hineingetragen werden

(HASSE 2002: 70)

Hinsichtlich der Relevanz der Atmosphärenforschung in der städtebaulichen Planung könnten städtische Atmosphären für die Qualitätsbestimmung städtischer Räume herangezogen werden. Dabei ist auch von Interesse, inwieweit die Erlebnisqualität und Befindlichkeiten in öffentlichen städtischen Räumen beeinflussbar sind und durch welche Maßnahmen am Objekt städtische Räume verändert werden könnten, um das Leben in der Stadt lebenswert und attraktiv zu gestalten (BÖHME 1998a: 161).

Zur Erforschung und Exploration von Atmosphären, namentlich städtischen Atmosphären, werden in der Fachliteratur zwei unterschiedliche

Vorgehensweisen angeboten. Zum einen kann die spezifische Atmosphäre bzw. Dynamik eines konkreten städtischen Raumes rekonstruiert werden, zum anderen könnten typische Atmosphären städtischer Räume sowie die zugrunde liegenden Umgebungskonstellationen benannt werden und damit üblicherweise einhergehende und daraus resultierende Befindlichkeiten (KAZIG 2008: 152).

Die Rekonstruktion und Spezifizierung einer konkreten städtischen Atmosphäre ist mit herkömmlichen empirischen Methoden kaum realisierbar, da Atmosphären diffuser, nicht greifbarer Natur sind, deren Zustandekommen auf einer Vielzahl Einzelkomponenten und Einflussfaktoren beruht, deren Wirkung man sich häufig weder bewusst ist und die man auch nicht messen kann. Eine methodische Herangehensweise wäre die Auswertung mündlicher oder schriftlicher Atmosphärenbeschreibungen, wie Jürgen Hasse sie in einem Pilotprojekt zur Rüdesheimer Drosselgasse vorgestellt hat (HASSE 2002). Für die zweite Methode der Atmosphärenerforschung hat Rainer Kazig einen Katalog zur Kategorisierung von Stadtplätzen angeboten. Dieser soll kurz vorgestellt werden, da er im späteren Teil der Studie relevant werden wird. Nach Kazigs Katalogisierung werden folgende Atmosphären städtischer Plätze unterschieden:

1. Atmosphäre der Weitung

Diese bezieht sich vor allem, aber nicht nur, auf die horizontale Weitung des Blickfeldes durch den Abstand zu den Platz begrenzenden Gebäuden. Auch die Größe des sichtbaren Himmelsausschnittes spielt eine Rolle, vor allem in Bezug auf Lichtverhältnisse. Elemente auf dem Platz verändern diese Wirkung (z.B. Bäume) (KAZIG 2008: 154).

2. Leicht gefährliche Atmosphäre

Gefahrenpotential auf städtischen Plätzen entsteht vor allem durch Verkehrssituationen und Zusammentreffen der Interessen unterschiedlicher Verkehrsteilnehmer (KAZIG 2008: 154).

3. Durchgangsatmosphäre

Diese entsteht vor allem bei Abwesenheit systematisch ablenkender Elemente, also fehlender Anreize zu längeren Aufenthalten. Es kann zu Stresssituationen kommen (KAZIG 2008: 155f.).

4. Gemeinschaftliche Atmosphäre

Diese entsteht durch Cafés, Restaurants und dort, wo zwischen Passanten und Gästen Blickkontakte möglich sind. Die Kontaktart unterscheidet sich zur anonymen Begegnung einander fremder Passanten im öffentlichen Raum. Die Atmosphäre kann gemütlich sein, aber auch Unwohlsein erzeugen (KAZIG 2008: 156f.).

5. Atmosphäre ästhetischer Anregung

Diese ist stark von der Anwesenheit kultureller Stätten oder Sehenswürdigkeiten bzw. ästhetischer Attraktionen abhängig. Architektonisch wertvolle Bauwerke können sie erzeugen ebenso wie ein Museum oder Theater. Die Atmosphäre ist meistens gediegen und nicht von schnellen Bewegungen geprägt (KAZIG 2008: 158).

2.2 Resümees

Der ‚gelebte' Raum stellt sich als räumliche Ausformung mit lebensweltlichem Charakter dar. Man geht davon aus, dass Raum weit mehr als seine materielle Gestalt ist bzw. über seine substanziellen Eigenschaften hinweg auch mit sozialen, funktionalen und ästhetischen Eigenschaften versehen wird. Hervorzuheben ist dabei die wesensmäßige Qualität eines Raumes, seine Gestimmtheit bzw. seine Atmosphäre, aber auch seine Materialität, Funktionalität, Aneignung, Symbolik, Bedeutungszuweisung sowie der reale Lebensvollzug. Die vorgetragenen Grundgedanken des Konzepts ‚gelebter' Raum sollen noch einmal in eine anwendungsorientierte Reihenfolge gebracht werden. Es stellt sich dabei vor allem die Frage, wie der Raum sich dem Menschen vergegenwärtigt. Dazu kann auf wahrnehmungstheoretische Erkenntnisse zurückgegriffen werden. Aus wahrnehmungstheoretischer Sicht vermittelt sich der Raum auf einer ersten Stufe durch optische Reize dem Rezipienten. Der Platz wird sinnlich erlebt und es wird eine gewisse Befindlichkeit erzeugt. Die optischen Signale werden im Gehirn zu einem Gesamtbild zusammengesetzt, wodurch eine räumliche Orientierung möglich wird. Auf einer zweiten Stufe findet die Aneignung des Raumes statt. Es wird differenziert, was zu einer Reaktion und somit einer entsprechenden Handlung führt. Der Raum wird ‚benutzt', seinen Angeboten gemäß, wobei das Subjekt gleichzeitig Zuschauer und Akteur sein bzw. seine Rolle tauschen kann. Auf einer dritten Stufe im Wahrnehmungsprozess kann die Auseinandersetzung mit den Raumelementen und den über sie transportierten Inhalten stattfinden. Der Raum wird ‚gelesen‘, vor dem jeweiligen Wahrnehmungshorizont symbolisch decodiert und synthetisch interpretiert. Der Raum erhält in diesem Schritt eine Bedeutung (HOLAND 1996: 36f.). Zusammenfassend erfordert eine gezielte Auseinandersetzung mit Raum als ‚gelebtem‘ Raum die Beantwortung folgender Fragen:

- Wie stellt sich der Raum real dar? (Welche Gestalt hat der Raum?) - Wie wird der Raum wahrgenommen? Was wird im Raum wahrgenommen? - Wie wird der Raum erlebt? Welche Atmosphäre herrscht vor? - Wie wird der Raum genutzt/benutzt? (Welche Funktion hat der Raum?) - Wie wird der Raum ‚gelesen‘? Wie wird der Raum interpretiert? (Welche Bedeutung hat der Raum?)

3 Allgemeine Einführung in die Platztypologie

„Plateie" – (gr. ‚der Platz‘) bezeichnete ursprünglich den offenen Raum, den offenen Ort (KNIRSCH 2004: 11). Ein Platz kann definiert werden als ein städtischer Freiraum. Aber ein Park oder der Hof eines Wohnhauses ist auch ein städtischer Freiraum. Nach einer Kategorisierung städtischer Freiflächen gibt es zum einen privat nutzbare Freiräume mit Zugangsrecht beim Eigentümer oder Mieter, wie Kleingärten, zum zweiten kollektiv nutzbare Freiräume für eine mehr oder minder begrenzte Teilöffentlichkeit wie Schulfreiräume oder Industriefreiräume oder für bestimmt Nutzergruppen bestimmte, wie Spielplätze und schließlich öffentlich nutzbare Freiräume, wozu Straßen, Grünflächen oder Plätze zählen (HERLYN et al. 1992: 11). Ein Platz ist ein öffentlicher Freiraum allgemeiner Zugänglichkeit und Verfügbarkeit für öffentliche Aktivitäten (WEBB 1990: 9), eine *„zur allgemeinen Nutzung bestimmte, begeh- und befahrbare, durch Verkehrswege erschlossene freie Fläche innerhalb eines größeren, bebauten Gebietes"* *(COMITÉ INTERNATIONALE D'HISTOIRE DE L'ART 1987: 75).* Plätze sind als Elemente der städtischen Öffentlichkeit: Räume der Begegnung, Räume der Erfahrung, des Lebensvollzuges. Sie sind neben ihrer materiellen und funktionellen Eigentlichkeit ‚gelebte' Räume und stehen in engem Zusammenhang zum gesellschaftlichen oder politischen Status Quo. Die gesellschaftlichen Veränderungen finden sich in den räumlichen Äußerungen wieder und wirken gleichzeitig als „Bedingung historisch-gesellschaftlicher Entwicklungen zurück" (STRASSEL 1996: 10). Freiräume in der Stadt wurden geprägt durch bestimmte Erfordernisse für das Funktionieren des Aggregates Stadt und das städtische Leben, wie Handel oder Verteidigung. Formend wirken außerdem auch kulturelle Traditionen sowie das Klima und topographische Bedingungen. Plätze können nach ästhetischen oder funktionalen Gesichtspunkten ausgerichtet sein, idealerweise gehen beide Hand in Hand miteinander. Für eine Kategorisierung von Plätzen kommen in Frage: Topos, Form und Funktion:

1. Topographische, geomantische und historische Vorgaben
2. Genius Loci, Mythos und Morphologie des Ortes
3. Spannungsfeld der Gebäudestrukturen (Platzwände) in Bezug zum Platzraum und in Bezug zum Straßennetz im Wandel der Zeit (Spannungsfeld Gebäudestrukturen – Platz- und Straßenraum)
4. Soziales Kräftefeld, gesellschaftliche Aktionen, Rituale (KNIRSCH 2004: 13)

Plätze sind geprägt durch ihre Geschichte, Architektur und ihre Bedeutung im urbanen Gefüge. Sie lassen sich nach ihrer Bedeutung für die Stadt, ihrer Entstehungsgeschichte als Teil der Stadtstruktur oder des schon vor der Besiedlung bestehenden Straßennetzes, ihren räumlichen Gegebenheiten, ihren Randnutzungen und ihrer Verkehrsbedeutung beschreiben (HAFFNER 2005: 16).

3.1 Geschichte von Plätzen

Der europäische städtische Platz hat seine Entstehungswurzeln im *antiken* Griechenland. Die antike griechische Stadt verfügte über einen öffentlichen Freiraum, die Agora, der das Zentrum des gesellschaftlichen Lebens bildete und sich vermutlich aus dem Versammlungsplatz der Dörfer herleitete (WEBB 1990: 28). Ursprünglich bezeichnete Agora die Versammlung der Bürger, die zusammenkam um Entscheidungen zu hören oder zu treffen. Diese

Versammlungen fanden auf einem öffentlichen Freiraum statt, der auch Agora genannt wurde (BENEVOLO 1990: 92). Die Agora hatte keine feste Form, war meist locker mit Gebäuden umstanden (der Verwaltung, Tempel, Markthallen) und bot Raum für öffentliche Rede, aber auch für Warenaustausch und wurde nach und nach als Markt, für Gerichtsverhandlungen, Versammlungen und Gottesdienste genutzt und entwickelte sich zum zentralen Punkt städtischen Lebens, der von wichtigen Gebäuden und Institutionen umstanden war (WEBB 1990: 28).

Im römischen Reich fand sich als Pendant zur Agora das sogenannte Forum mit ähnlicher Gestalt und Funktion (WEBB 1990: 29). Auch das Forum fungierte zunächst als Versammlungsort, Markt und als Repräsentation der politischen Institution (LÄSSIG et al. 1971: 27). Anfangs nur ein freier Raum an einer Hauptstraße, der viele Menschen aufnehmen konnte und sollte und auf dem bis zur Entstehung von Amphitheatern auch Zeremonien und Sportwettkämpfe stattfanden, entwickelte es sich zu einem umbauten Raum mit immer prächtigeren Gebäuden. Die banalen, kommerziellen Markfunktionen wurden schon sehr bald auf eigens dafür angelegte Plätze verlegt. Das Forum hingegen diente als Raum für das politische und soziale öffentliche Leben: Geschäftsabschlüsse, Zeremonien, Informationsaustausch, sowie sakrale Handlungen (Beten) (WEBB 1990: 29). Das hervorragendste Beispiel ist das Forum Romanum in Rom, der wichtigste Platz des römischen Reiches, mit Tempelanlagen, Septimus-Severus-Bogen, Kirche, Kurie, Basiliken, Statuen und Denkmälern. Sämtliche römischen Foren waren dem Forum Romanum nachempfunden (JOHANNSEN 2003: 9ff.). Mit dem Niedergang des römischen Reiches wurden die Foren verlassen und verfielen seit dem 5. Jahrhundert. Aber deren Grundidee findet sich in vielen späteren Platzanlagen wieder (JOHANNSEN 2003: 12).

Im Mittelalter bildeten sich mit dem Aufblühen des Handels die europäischen Märkte. Anfangs wuchsen Märkte organisch etwa um eine Furt herum, an einer Handelsstraße, am Fuße einer Burg oder eines Klosters, innerhalb von Stadtmauern (damit sie geschützt waren) oder außerhalb (der leichteren Zugänglichkeit wegen oder um Gebühren zu umgehen). Märkte waren Anziehungspunkte und lockten stets Bevölkerungsmassen an (WEBB 1990: 37). Im spartanischen Mittelalter standen Funktionalität und Effektivität im

Vordergrund, so dass wenig Wert auf Repräsentativität oder Ästhetik gelegt wurde. Der Markt war einfach und seinen Funktionen entsprechend ausgestaltet: dem Handel und Tausch von Gütern, oder auch öffentlichen Versammlungen (WEBB 1990: 41).

Der mittelalterliche Platz diente ebenso wie die Straße oder der Kirchenbau der Erfüllung gemeinschaftlicher Bedürfnisse: der Versammlung und Zusammenkunft, dem Informationsaustausch und Kundgebungen, öffentliche Hinrichtungen oder kirchlichen Prozessionen (LICHTENBERGER 2002: 178). Der Platz in der mittelalterlichen Stadt war kein von den Straßen abgetrennter, eigenständiger Raum. Er war mit den Straßen, die in ihn mündeten, verbunden (BENEVOLO 1990: 352). Häufig waren mittelalterliche Plätze von wichtigen städtischen Bauten bestanden: Rathaus oder Kirche, aber auch Zunfts- und Bürgerhäuser (JOHANNSEN 2003: 41).

Die Renaissance brachte eine Wiederbelebung antiker Vorbilder in Maßen, Proportionen und Symmetrie mit sich. Man wandte sich von den als unästhetisch empfundenen organisch gewachsenen, oft unregelmäßigen Plätzen des Mittelalters ab und antiken symmetrischen Vorbildern zu. Es wurde Wert gelegt auf gestalterische Elemente, prunkvolle Fassaden, Säulen. Viereckige, runde oder achteckige Plätze entstanden, die den Absolutismus verkörperten (JOHANNSEN 2003: 73). Außerdem nahmen Stadtplätze ab Ende des Mittelalters Repräsentationsaufgaben wahr (LICHTENBERGER 2002: 178).

Im Barock erfuhr der Gestaltungswille noch eine Steigerung. Plätze wurden zu dem Menschen übergeordneten, überwältigenden Machtbildnissen. Neu war, dass für die Platzgestaltung die Wirkung erstrangig war, was später im Klassizismus streng abgelehnt wurde (JOHANNSEN 2003: 95). Waren im Mittelalter Märkte der dominierende Platztyp gewesen, so blieben dies bis ins 18. Jahrhundert sogenannte „königliche Plätze" (JOHANNSEN 2003: 95).

Der Klassizismus befreite die Architektur am Ende des 18. vom Ideal des umbauten Raumes. Plätze durften jetzt durchaus eine Umrandung aus Bäumen, Kanälen, niedrigen Mauern oder anderweitigen Begrenzungen haben (JOHANNSEN 2003: 121). Zierplätze entstanden, die dem ästhetischen Erleben gewidmet waren (JOHANNSEN 2003: 121).

Im 19. Jahrhundert erhielten viele Plätze ein neues Gesicht. Einerseits mussten die aus den Vorstädten in die Städte kommenden Menschen und der zunehmende Verkehr aufgenommen werden (WEBB 1990: 164). Zudem wurden Plätze aufgewertet, mit Monumentalbauten versehen und zum Aushängeschild gemacht. Repräsentativplätze entstanden, die zum Promenieren einluden und nach und nach wieder mit einer Mehrzahl von Funktionen belegt wurden (JOHANNSEN 2003: 121). Im Mittelpunkt stand nicht mehr die Bühnenfunktion, der Platz als Paradeplatz hatte ausgedient (WEBB 1990: 164). Außerdem waren die Plätze jetzt jedermann zugänglich. Plätze wurden zu Orten der Begegnung und des Gemeinschaftsgefühls und öffneten sich den breiten Bevölkerungsschichten (WEBB 1990: 164).

Im zweiten Weltkrieg wurden zahlreiche europäische Plätze und deren historische Bausubstanz zerstört. Im Anschluss daran wurde nicht nur Wiederaufbau sondern zum Teil auch radikaler Um- und Neubau betrieben.

In den Nachkriegsjahren begann die Einnahme der Städte und damit auch städtischer Plätze durch den motorisierten Straßenverkehr. Eine Zeit strikter Rationalität begann. Es ging nun nur noch marginal um ästhetische Kriterien, im Vordergrund standen Nutzenfunktion und Zweckmäßigkeit. Viele städtische Freiräume wurden zu Parkplätzen umfunktioniert oder zubetoniert, bis weit in die 60er Jahre des 20. Jahrhunderts hinein (FAVOLE 1995: 16). Wenn inszeniert wurde, dann im Sinne eines neuen ökonomischen Bewusstseins: rationell, zweckverbunden und modern.

Erst zum Ende des 20. Jahrhunderts fanden Sensibilisierung und Gesinnungswandel statt. Der Kraftverkehr wurde aus den Innenstädten verbannt oder zumindest reduziert. Städtische Freiräume wurden von ihrer Parkplatzfunktion erlöst und erfuhren eine Revitalisierung. Zum Teil wurden Plätze ihrer ursprünglichen Bestimmung wieder gegeben. In den letzten 20 Jahren sind Fußgängerbereiche wieder in solche umfunktioniert und entsprechend ausgestaltet worden (FAVOLE 1995: 16).

Nunmehr steht wieder „die ästhetische Formulierung gesellschaftlich relevanter Aussagen in der Sprache der Organisation von Räumen" im Vordergrund. „Naturinterpretationen, Geschichtsinszenierungen, Stilisierung von Stadt- und Landschaftsbildern oder preziöse Raumformulierungen treten neben oder an die Stelle nutzungsbezogener Anlagen." (STRASSEL 1996: 9). Die heutigen Baumaßnahmen sind häufig als „Bemühungen um kulturellen Imagegewinn in der Konkurrenz der Kommunen als Standorte von Wirtschaftsunternehmen und

Behörden" (STRASSEL 1996: 9) auszulegen, es geht noch immer um Repräsentativität, aber vor einem eher wirtschaftlich geprägten Hintergrund.

3.2 Arten von Plätzen

Allgemein werden umbaute, bebaute und freie Plätze definiert. *Umbaute* Plätze sind stets von Bauten umgeben: Gebäude, Kolonnaden, Arkaden. Ein *bebauter* Platz ist ein Platz, der von irgendeinem Bauwerk (z.B. einem Triumphbogen, einem Gebäude), oder einem Denkmal bestanden ist (COMITÉ INTERNATIONALE D'HISTOIRE DE L'ART 1987: 75). Beide werden auch Architekturplatz genannt.

Ein Platz kann *geschlossen* sein, und hat dann meist bestimmte Aufenthaltsqualitäten, oder nach allen Seiten *offen* und Verkehrsströme aufnehmen und verteilen. Auch Mischformen sind möglich (COMITÉ INTERNATIONALE D'HISTOIRE DE L'ART 1987: 75). Ein geschlossener Platz definiert sich über die Platzwände, wobei keine vollkommene Geschlossenheit zu erreichen ist, da stets Straßeneinführungen und Öffnungen diese unterbrechen. Plätze lassen sich auch aufgrund der Form ihrer Grundfläche unterscheiden: ganz grob in viereckigen, dreieckigen oder runden bzw. ovalen Platz, das architektonische Fachvokabular unterschiedet den *quadratischen* Platz, den *symmetrischen* Platz über einer Grundfläche von klar erkennbaren geometrischen Formen und den *unsymmetrischen* Platz mit unterschiedlich gestalteten Begrenzungen (beispielsweise ein Platz an einer Straßengabelung). Weitere mögliche Formen sind u.a. Sternplatz, Kreuzplatz, Achtecksplatz (COMITÉ INTERNATIONALE D'HISTOIRE DE L'ART 1987: 83ff.). Plätze lassen sich ebenso nach funktionale Kriterien strukturieren in Verkehrsplätze, Nutzplätze, Gartenplätze, Architekturplätze (Vorplätze, bebaute Plätze, umbaute Plätze, Denkmalplätze, Stadttorplätze), Doppelplätze (HAFFNER 2005: 16). Zu unterscheiden sind auch Stadtplätze bzw. Stadtteilplätze, Dorfplätze, Marktplätze, Kulturplätze, Grünplätze, Vorplätze (z.B. Bahnhofsvorplatz, vor öffentlichen Einrichtungen, Kirchen), Ankunftsplätze (z.B. Straßenbahn), Ruheplätze und Verkehrsplätze (HAFFNER 2005: 17f.). Weitere Platzarten nach funktionalen Merkmalen wären Messeplatz, Paradeplatz, Promenadenplatz, Repräsentationsplatz, Forum (COMITÉ INTERNATIONALE D'HISTOIRE DE

L'ART 1987: 90ff.). Hans-Joachim Aminde (1980) hat Platzformen in 10 Typen unterteilt:

1. Der *geschlossene Platz* bildet einen „Stadtinnenraum", der an allen vier Seiten von Gebäudewänden begrenzt wird.
2. Der *offene Platz* ist von Straßen umgeben (z.B. Grünplätze der Gründerzeit).
3. Der *halboffene Platz* ist an der 4. Seite offen.
4. Der *bebaute Platz* ist der Umgebungsraum für einen solitären Baukörper.
5. Der *beherrschte Platz* wird durch ein stattliches, oft über das Stadtraumprofil hinausragende, öffentliche Gebäude wie Rathaus oder Kirche bestimmen.
6. Der *gruppierte Platz* ist als Platzfolge zu verstehen (wie der Markusplatz und die Piazetta in Venedig)
7. Der *zentrierte Platz* liegt zentral inmitten radial auf ihn zulaufenden Straßen (Place de l'Étoile Paris).
8. Der *gestreckte Platz* ist häufig nur eine räumliche Erweiterung der Straße.
9. Der *skulpturale Platz* wird von offen zueinander gestellten Baukörpern mit fließenden Zwischenräumen gebildet.
10. Der *fragmentarische Platz* entsteht z.B. durch eine offene Gruppierung von Bebauung, Rauminstallationen und Versatzstücken von Einzelarchitekturen (HAFFNER 2005:16).

3.3 Formale Merkmale von Plätzen

Der Platz ist von bestimmten formalen Merkmalen charakterisiert, nach denen er sich kategorisieren lässt (vgl. HAFFNER 2005, AMINDE 2004). Er setzte sich zusammen aus den Elementen Wand (Wandfläche), Boden (Grundfläche) und Decke (Luftraum bzw. Himmel) sowie sämtlichen Elementen auf dem Platz (SAKAMOTO 1994: 15, KNIRSCH 2004: 12). Die Wände bestehen meist aus Fassaden und begrenzen den Platz (beim umbauten Platz), zumindest aber ist eine optische oder anderweitige räumliche Begrenzung vorhanden. Die Decke ist in den meisten Fällen offen, aber durch die Höhe der einzelnen Bauten wird eine imaginäre Decke geschaffen, die je nach dem Grad der Einheitlichkeit der Traufhöhen mehr oder minder ruhig wirken kann. Der Boden oder Bodenbelag kann Grenzen festlegen, bestimmte Bereiche schaffen und von anderen abtrennen (SAKAMOTO 1994: 14).

3.3.1 Proportionen

Städtische Plätze sollten nach bestimmten Gestaltungskriterien konstruiert sein, so dass sie ästhetische Anforderungen erfüllen. Diese orientieren sich vor allem an den menschlichen Dimensionen der optischen Wahrnehmung. Idealerweise hat ein Platz nur begrenzte Ausmaße in der Tiefe, so dass er für den ihn nutzenden Menschen überschaubar bleibt. Je größer ein Platz ist, desto geringer sind die sozialen Kontaktmöglichkeiten. Menschen können sich in Bereichen bis zu 24 m gegenseitig wahrnehmen, bis zu 21 m zueinander Beziehung aufnehmen in Mimik und sprachlich. Historische Plätze haben meist Ausmaße von 0,5 bis 5 ha und häufig Durchmesser bis zu 140 m (AMINDE 2004: 75).

Die Bebauungshöhe der Platzwände sollte für das menschliche Auge überschaubar sein und sich nach dem Platzausmaß richten. Eine Fassade von 16 m Höhe wäre aus einer Entfernung von 32 m gerade noch zu überblicken. Ist der Platz zu klein und die Fassaden zu hoch, wirkt er übermächtig, ist der Platz zu groß und die Fassaden zu niedrig, wirkt der Platz zu weiträumig. Im Betrachter stellt sich ein Gefühl von Verlassenheit ein. Optimal ist ein Platz im Verhältnis 3:1 Grundfläche zu Platzwänden. Ab einem Verhältnis von 6:1 hat er schon eine ungemütliche Wirkung. (HAFFNER 2005: 20f., KNIRSCH 2004: 12, AMINDE 2004: 75). Hohe Gebäude kommen nur zur Geltung, wenn sie ein entsprechend großes Vorfeld haben, gleichsam nehmen zu kleine Gebäude einem sehr großen Platz die Wirkung (HAFFNER 2005: 23). Das Wohlbefinden auf einem großen oder kleinen Platz kann sehr unterschiedlich sein.

3.3.2 Architektur

Die Architektur der Platzrandbebauung und deren Qualität ist ein zentrales Kriterium für die Wirkung eines Platzes. Die Gliederung, symbolische und formale Ausgestaltung der umgebenden Gebäude beeinflusst die Platzwirkung wesentlich, ebenso deren Standort (HAFFNER 2005: 23). Vor allem bei unterschiedlich rechteckigen Plätzen ist es wichtig für den Gesamteindruck, welche Gebäude an der Breitseite oder der Schmalseite sich befinden und wo sie dort angeordnet sind, ob zentral oder eher abseitig (KNIRSCH 2004: 12). Ebenso sind Denkmale, Skulpturen und Brunnen auf dem Platz wirkungsintensiv (HAFFNER 2005: 23).

3.3.3 Topographie

Topographische Feinheiten wie Treppenstufen, Terrassierungen, Schrägen (Steigungen und Gefälle), Höhenunterschiede und Faltungen der Oberfläche beeinflussen die Wirkung eines Platzes entscheidend (HAFFNER 2005: 23, AMINDE 2004: 74). Die Raumwahrnehmung wird sehr stark vom Empfinden der Höhenausprägung geleitet. Eine geneigte Oberfläche wird stärker empfunden als eine horizontale. Das Raumgefühl kann sich dadurch sehr verändern. Durch eine konvexe Vertiefung wirkt der Platz geschlossener und übersichtlicher. Der Platz ist vom Rand her besser überschaubar. Konkave Erhöhungen dagegen setzen Akzente und können Bereiche und Elemente betonen. Diese Wirkung erzeugen auch Stufen und unterschiedliche Ebenen (AMINDE 2004: 75). Ebenso wichtig ist die Oberflächengestaltung: Relief, Material, Struktur, Farbe und Muster formen stark den Charakter eines Platzes. Die meisten Plätze verfügen über eine befestigte Grundfläche. Die einfachste Form der Platzbefestigung ist die wassergebundene Decke (Sanddecke). Unterschiedlicher Naturstein ist seit jeher eine gebräuchliche Flächenbefestigung, und aufgrund von Verwitterungsbeständigkeit, Abriebfestigkeit und Trittsicherheit mittels aufgerauter Oberflächen ideal. Häufig werden Platten oder Pflastersteine unterschiedlicher Gesteinsarten wie Granit, Diorit, Basalt, Trachyt, Porphyr, Sandstein, Grauwacken, Muschelkalk, Gneis, Quarz oder Granulit verwendet. Betonsteinpflaster und Betonwerksteinplatten unterschiedlicher Form und Farbe finden sich im modernen Städtebau. Aber auch Hartbeläge als Asphalt und Sickerasphalt oder als Ortbeton finden Anwendung.
Unbefestigte Oberflächen können aus Schotter, Kies oder Sand bestehen oder durch Rasen gebildet werden. Bedeutsam sind auch Musterung und Relief. Beides kann immense Raumwirkung haben und Bereiche, Platzräume und Elemente verbinden, trennen oder betonen (AMINDE 2004: 75). Wichtig ist, dass

die Oberflächen pflegeleicht und widerstandsfähig sind, ökologischen Anforderungen wie Regenwasserversickerungsrate gemäß den gesetzlichen Regelungen entsprechen sowie hohe Trittsicherheit garantieren (AMINDE 2004: 75). Ungeachtet der räumlichen Wirkung sind homogene Flächen und eine barrierefreie Bauweise zu bevorzugen mit Rücksicht auf unterschiedliche Bedürfnisse. Für Kinder, Rentner, Gehbehinderte, Blinde, Sehbehinderte und Rollstuhlfahrer können unterschiedliche Flächengestaltungen ebenso hilfreich sein wie zum unüberwindbaren Hindernis werden (HAFFNER 2005: 23).

3.3.4 Platzinventar

Plätze sind in den häufigsten Fällen mit Mobiliar ausgestattet. Dazu zählen: Leuchten oder Leuchtmittel (früher Straßenlaterne oder Lampe genannt) von moderner oder historischer Gestalt inklusive aller für Befestigung, Betrieb und Schutz notwendigen Komponenten, Sitzgelegenheiten diverser Form, Farbe und Materialität, Fahrradständer, Abfalleimer, Werbeträger wie Litfaßsäulen, Plakatflächen, City-Light-Poster, Einrichtungen des ÖPNV (Wartehäuschen, Fahrleitungen, Lichtsignalanlagen), Verkehrssicherungseinrichtungen (Verkehrsampeln, Verkehrsleuchten), Masten, Briefkästen, öffentliche Telefone, Schaltschränke, Verteiler- und Sicherungskästen, Stromanschlüsse, Freischankflächen, Grünflächen. Vor allem Bäume sind wichtig in ihrer Funktion als Sauerstofflieferanten und Kohlendioxidverwerter, Schattenspender, Luftbefeuchter, Staubfilter, Windschutz und als ästhetische Akzente, wobei Bäume im städtischen Raum anspruchslos sein müssen und schwierigen Bedingungen wie hohen Abgasbelastung, geringem Wurzelraum und Oberflächenversiegelung gewachsen sei müssen (HAFFNER 2005: 30ff.). All diese Elemente sind häufig unabdingbar, sollten aber so spartanisch und so unauffällig wie möglich installiert sein, überdacht angeordnet und in ihrer Ausgestaltung in das äußere Erscheinungsbild des Platzes passen. Eine Überfrachtung mit Mobiliar kann sich nachteilig auf die Aufenthaltsqualität eines Platzes auswirken.

3.3.5 Symbolische Ausstattung

Auch die symbolische Ausgestaltung gehört zu den formalen Gestaltungsbedingungen, nach denen sich die positive oder negative Wirkung eines Platzes ausrichtet. So ist es wichtig, den historischen Wert eines Platzes anhand von Zeitzeugnissen festzuhalten oder bei neu gestalteten Plätzen deren symbolische Vermittlung zu beachten. Plätze sind nicht zuletzt auch Orte der Identität und Identifizierung für Nutzer und sollten daher über Individualität und Originalität verfügen (HAFFNER 2005: 23).

3.4 Anforderungen an Plätze

Plätze sollen einen Beitrag zum städtischen, sozialen und kulturellen Leben leisten und die Lebensqualität in den Städten positiv beeinflussen. Sie sollen zum Verweilen einladen, Interaktionen fördern und für möglichst viele Nutzergruppen gleichzeitig ansprechend sein (AMINDE 2004: 60). Ein Platz muss Stimulanzien bieten für seinen Gebrauch. Er muss Funktionen als Lebensraum und ästhetische Bedürfnisse erfüllen ebenso wie funktionale. Insofern muss er gewisse Aufenthalts- und Raumqualitäten besitzen, beispielsweise in Form spezifischer Ausstattungsmerkmale. Vielfältige und abwechslungsreiche Raumsequenzen fördern die Erlebbarkeit des Platzes (AMINDE 2004: 71). Sichtachsen und Orientierungspunkte wirken sich positiv auf die Raumqualität aus. Sie erhöhen die Unverwechselbarkeit, Originalität und Einprägsamkeit des Platzes und tragen wesentlich zur Orientierung im Raum bei (AMINDE 2004: 71). Ein Raum sollte über eine Identität verfügen, einen Wiedererkennungswert haben, charakteristische Spezifika, die ihm Einmaligkeit und Unverwechselbarkeit verleihen, so dass Monotonie im Stadtbild vermieden wird. Ein kontrastreiches Stadtbild fördert den Identifikationswert und die Individualität eines Platzes (AMINDE 2004: 71). Ein Platz sollte auch ökologische Qualitäten haben und über ein bestimmtes Vegetationsangebot verfügen. Schließlich sollte ein städtischer Platz auch eine „multifunktionale Plattform für Aktionen" sein (AMINDE 2004: 55). Dass heißt für Unterhaltung muss nicht gesorgt sein sondern sie muss in ihren Rahmenbedingungen überhaupt erst garantiert werden (AMINDE 2004: 55). Im Zeitalter von Medien, Unterhaltungskult und Virtualität müssen Plätze multifunktional sein und für Interaktionen, Kommunikationen und Inszenierungen Raum bieten (KNIRSCH 2004: 7, PODRECCA 2004: 98).

Ein Platz ist immer auch Durchgangs- oder Übergangsbereich. Er schafft Ein- oder Übergänge in oder zwischen städtischen Bereichen, Quartieren (AMINDE 2004: 55).

Plätze müssen Anreize bieten: sie zu nutzen, sich auf ihnen aufzuhalten, sie in den täglichen Lebensvollzug einzubeziehen, sich mit ihnen zu identifizieren. Identifikationsort bedeutet auch: Heimat schaffen, Räume, die gerne belebt und gelebt werden, Räume, die Nutzer als die Ihrigen bezeichnen.

Ein Platz sollte unterschiedlichen Anforderungen unterschiedlicher Nutzer gerecht werden und ebenso Spiel-, Bewegungs-, Aufenthaltsraum sein (AMINDE 2004: 55). Ein Platz sollte bestimmte Aktivitäten nicht von Vornherein ausschließen (CHARBONNEAU 2002: 13), sondern sein offenes Angebot bewahren. Er darf den Menschen kein bestimmtes Verhalten aufzwingen. Die Vielfältigkeit darf nicht unterbunden werden und einer eindimensionalen Nutzenfunktion weichen. Ein Platz muss multifunktional bleiben und sollte sich nicht auf eine einzige Funktion wie zum Beispiel Promenieren festlegen (BAHRDT 2006: 184). Der Platz muss grundsätzlich allen sozialen Schichten und Nutzergruppen zur Verfügung stehen. Er sollte als Ort der Begegnung, Interaktion und Kommunikation fungieren (ZÖLLNER 2006: 76). Stadtplätze müssen sich auf ihre Umgebung, den Kontext und ihre Geschichte beziehen, weil Erinnerungen Identität schaffen und Kontexte Verständnis. Es müssen Bezüge zur Historie eines Ortes geschaffen werden (AMINDE 2004: 55). „Die Aufarbeitung der Geschichte eines Raumes trägt zur erneuten Wiederaneignung des Raumes durch die heute lebende Generation bei, denn die historische Dimension, die ein jeder Raum hat, erleichtert und bereichert die Beziehungen der Menschen in ihrem Raum" (HERLYN et al. 1992: 10). Räume, die eine Geschichte haben, verfügen auch über eine Identität. Ihre Geschichte verleiht ihnen ein Gesicht, einen bestimmten Charakter. Eine Überschreibung bedeutet auch einen Verlust an Zeitgeschichte und somit an Identität. Ein Raum ohne Geschichte wirkt anonym weil keine Anhaltspunkte zur Identifikation existieren. Über den Raum kann Zeitgeschichte erschlossen werden. Nicht der lineare, lückenlose Verlauf, sondern historische Fixpunkte sind dabei bedeutend. Markante historische Ereignisse stellen Wendepunkte dar, die sich oft in den

Raum eingeschrieben haben als Übergänge „von einer Nutzungsweise und Bedeutungszuschreibung zu einer anderen" (HERLYN et al. 1992: 10). Der Platz sollte in seiner bauhistorischen und geschichtlichen Bedeutung Erinnerbarkeit vermitteln (AMINDE 2004: 71).

Planerische Vorgaben stellen Anforderungen an die Gestaltung von Stadtplätzen nach städtebaulichen Kriterien wie heterogene Nutzungsstruktur, infrastrukturelle Einbindung, Verbesserung der urbanen Lebensqualität, Ökologie, Sichtbarmachen von historischen Entwicklungen der Stadtgeschichte, ästhetische Qualität (AMINDE 2004: 69). Verkehrstechnische Kriterien fordern u.a. Netzwerkfunktion, optimale Fußweganbindung, Barriere-Freiheit, ÖPNV-Anbindung (AMINDE 2004: 69). Gleichzeitig sollte der Platz gegen Immissionen (Abgase, Lärm) abgeschirmt sein. Hinsichtlich der Verkehrsführung muss eine ausgeglichene, für jegliche Nutzergruppen zufriedenstellende Lösung gefunden werden. Zwischen Platz und Verkehrswegen sollte ein optimales Verhältnis geschaffen werden, das gegenseitige Beeinträchtigung ausschließt (LÄSSIG et al. 1971: 33). Nach funktionalen Kriterien sollte ein Platz als kulturelles Forum für Kommunikation und Begegnung dienen, als Plattform für Veranstaltungen, Aktionen, Feste, Events, Märkte (Weihnachtsmarkt, Flohmarkt etc.). Er sollte Möglichkeiten der Aktivität ebenso bieten wie der Kontemplation. Nach qualitativen Kriterien muss er Impulse setzen und Anziehungskraft ausstrahlen. Zudem sollte er über ein Sicherheitspotential verfügen, also ein möglichst angstfreier Raum sein sowie alltagstauglich (AMINDE 2004: 69).

3.5 Bedeutung und Funktion von Plätzen

Plätze sind Elemente des öffentlichen Lebens. Sie sind Orte der Begegnung, des Verweilens ebenso wie des Transits (STRASSEL 1996: 11, HASSE 2008b: 508). Plätze dienen als Bühne und Schauplatz des städtischen Lebens. Indes sollen Sie die Kommunikation und Interaktion im öffentlichen Raum fördern, z.B. während öffentlicher Veranstaltungen oder Märkte (WEBB 1990: 9). In heutigen stark von Leistungs- und Zeitdruck geprägten Zeiten sind Plätze sehr stark zu Räumen der Fortbewegung mutiert. Durch die Fortbewegungsmöglichkeiten und damit einhergehende zunehmende Rasanz des Lebens büßt der öffentliche Raum ein Stück seiner Erfahrungsqualität ein (SENNETT 1985). Plätze dienen als Aufenthalts- und Erholungsräume für all jene Menschen, denen es nicht möglich ist, zu Erholungszwecken den Stadtraum zu verlassen. Daher dienen sie als Ausgleich und der Aufenthalt auf ihnen sollte möglichst angenehm sein (GERDES 1985). Der Platz bietet Raum für unterschiedlichste Nutzungsarten (LICHTENBERGER 2002: 179). Traditionell hatten Plätze meist eine bestimmte Funktion, als Warenumschlagsort oder der Vorplatz einer Kirche. Heute erfahren Plätze meist nicht mehr solch eine spezifische Funktionszuweisung, sondern dienen als Begegnungsstätte und Anziehungspunkt (FAVOLE 1995: 10). Im Platz manifestiert sich der Ausdruck öffentlichen Lebens (SIEVERNICH 2004: 50). Der Platz dient als Versammlungsort, Demonstrationsbereich, als Promeniermeile, Marktplatz, als öffentliche Bühne, auf welcher Events, Musikveranstaltungen, Leinwandübertragungen stattfinden, als sportliches Betätigungsfeld (Radfahren, Skaten, Inline-Skaten, Beach-Volleyball, Snowboarden, Joggen usw.) (LICHTENBERGER 2002: 180, vgl. BETTE 1999: 101ff.).

Stadtplätze sind häufig auch Touristenanziehungspunkte aufgrund von Architektur und Sehenswürdigkeiten. Der öffentliche Raum ist aber nicht nur ‚Genußraum‘, er wird auch zum politischen Instrument (PODRECCA 2004: 101). Er liefert das Plateau für Veranstaltungen, auf denen sich die Stadt repräsentieren kann (PODRECCA 2004: 100). Ebenso wird die Gestaltung öffentlicher Räume beispielsweise im Wettbewerb um Imagegewinn und Standortvorteile eingesetzt und medienwirksam vermarktet (STRASSEL 1996: 10). Städtische Plätze sind auch Kommunikations- und Interaktionsräume. Die sich im Raum bewegenden Körper sind Wahrnehmungsobjekt und Interaktionsobjekt zugleich und verändern den städtischen Text durch ihre Bewegung stetig, ebenso wirken die leblosen Objekte als Transportmedien von Zeichen und Symbolen (BETTE 1999: 109). Plätze fungieren auch als Erinnerungsorte. Jede Zeit schafft sich ihre eigenen Nutzungs- und Aneignungsmuster, gesellschaftliche Strukturen prägen den Raum und strahlen in Form von atmosphärischen Äußerungen wieder zurück. Der gesellschaftliche Wandel „schreibt sich den räumlichen Verhältnisses, in denen er sich vollzieht, vielfältig ein und wirkt von dort als Bedingung historisch-gesellschaftlicher Entwicklungen zurück" (STRASSEL 1996: 9). Ein Platz ist „ein Zeuge seiner Zeit und drückt dies mit seiner Räumlichkeit aus" (SAKAMOTO 1994: 171). Die Neugestaltung eines historischen Platzes bedeutet immer auch eine

Neuinterpretation und die Zu- oder Absage zum Auseinandersetzen mit der Geschichte des Platzes (FAVOLE 1995: 16). In der heutigen Erlebnisgesellschaft steht die bewusste Inszenierung der Raumsprache zunehmend im Vordergrund: Naturinterpretationen, Geschichtsinszenierungen, Stilisierung von Stadt- und Landschaftsbildern oder preziöse Raumformulierungen ersetzen den Nutzenfunktionsfaktor (STRASSEL 1996: 9). Der Platz erhält dann die Rolle eines Mediums, er vermittelt eine fiktive und symbolische Realität (STRASSEL 1996: 22).

B Untersuchungsbeispiel: Der Leipziger Augustusplatz

4 Zur Typologie des Augustusplatzes

Der Augustusplatz ist ein innerstädtischer Platz von 4 ha Grundfläche im Zentrum der Stadt Leipzig. Er befindet sich am östlichen Außenrand der historischen Altstadt. In ihn mündet die Grimmaische Straße, die ihn quert und an seinem östlichen Rand in den Grimmaischen Steinweg übergeht. Flankiert wird der Platz im nordwestlichen Bereich von der Goethestraße, an seiner gesamten westlichen Seite vom Georgiring. Westlich schließt sich die historische Altstadt an. Der Augustusplatz ist Bestandteil des um die historische Altstadt herumführenden und größtenteils begrünten Promenadenrings. Er stellt im Stadtgefüge optisch einen markanten Punkt dar, da er eine relativ große Freifläche bildet. Zudem ist er mit bedeutsamen Gebäuden umstanden. An seiner südlichen Westseite befindet sich das Hauptgebäude der Universität Leipzig, das derzeit neu gebaut wird. Nördlich wird er vom Opernhaus und südlich vom Gewandhaus begrenzt.

4.1 Die Entstehung des Augustusplatzes im historischen Kontext

4.1.1 Zur Vorgeschichte des Platzes

Der Augustusplatz bzw. das Gelände des heutigen Augustusplatzes gehörte ursprünglich nicht zum historischen Stadtkern, sondern lag außerhalb der Stadtmauern, deren einstige Lage der heutige Promenadenring nachzeichnet. Im Osten befand sich das Grimmaische Tor, dessen Vorplatz (‚die Gegend vor dem Grimmaischen Thore' genannt) das Areal des heutigen Augustusplatzes einnimmt. Die Geschichte des Leipziger Augustusplatzes lässt sich in die drei Abschnitte *Vorstadt*, *Festung*, *Platz* gliedern (RONNEFELDT 2003: 120).

4.1.1.1 Vorstadt

Das Grimmaische Tor war 1498-1501 erbaut worden (BENNEMANN 1940: 136). Vor dem Tor entwickelten sich im 13./14. Jahrhundert die Grimmaische Vorstadt mit Wohnhäusern, Werkstätten und Gärten (CAMPEN et al. 1996: 205). In Kriegszeiten wurden die Vorstädte immer wieder abgerissen und neu erbaut. Durch die Schaffung eines breiten Glacis[3] sollte den Belagerern die Möglichkeit genommen werden, in den Gebäuden Schutz und Deckung zu finden (CAMPEN et al. 1996: 205). Im 17. Jahrhundert endete die Phase der Vorstadt mit der Errichtung eines modernen Festungswerkes (RONNEFELDT 2003: 132). Der Funktionswandel vom Vorstadtareal mit Wohnbebauung zum Festungs- und Verteidigungsgelände legte den Grundstein für die spätere Bedeutungszuweisung als öffentlichen Raum mit jeweils zeitgemäßer Nutzung (RONNEFELDT 2003: 123).

4.1.1.2 Festung

Im 17. Jahrhundert wurde das Grimmaische Stadttor erbaut (CAMPEN et al. 1996: 206). Von 1642 bis 1650 wurde die Anlage zum sogenannten „Grimmaischen Werk" ausgebaut, welches anschließend zum 1690 fertiggestellten Grimmaischen Tor wurde (RONNEFELDT 2003: 133, WETTBEWERBSUNTERLAGEN 1994: 10). Im Siebenjährigen Krieg (1756 – 1763) hatte sich die Befestigungsanlage aus dem Mittelalter trotz wiederholten Instandsetzungsversuchen als untauglich zum Schutz gegen feindliche Angriffe erwiesen (CAMPEN et al. 1996: 206). Nach Beendigung des Krieges 1763 stellte der Kurfürst Johann Georg II. daher die Festungsanlage und auch das Areal des heutigen Augustusplatzes dem Rat der Stadt zur Verfügung, mit der Auflage, sie zu gemeinnützigen Zwecken umzugestalten (CAMPEN et al. 1996: 206). Ab 1784 begann man mit dem Abtrag der Grimmaischen Bastion. Die Doppeltoranlage des Grimmaischen Tores wurde erst 1831 abgerissen (WETTBEWERBSUNTERLAGEN 1994: 10). Mit der Verfüllung der Festungsgräben endet die Vorgeschichte des Platzes und seine eigentliche Geschichte wird eingeleitet.

---

[3] Erdaufschüttung vor einem Festungsgraben

4.1.1.3 Die Promenaden und der ‚Platz vor dem Grimmaischen Thore'

Schon seit dem Mittelalter besuchten die Stadtbewohner die Areale vor den Toren Leipzigs, um sich zu entspannen und zu vergnügen. Für Volksfeste wie Vogelschießen oder das Johannisfest bedurfte es Platzes außerhalb der Stadtmauern. Das Gelände des späteren Promenadenrings wurde anfangs nur als Übergang zu den Kaffegärten, Vergnügungslokalen und Festwiesen der Vorstädte gesehen. In den Jahren 1702/1703 wurden rings um den Stadtkern Alleen von Eichen-, Linden- und Weidenbäumen von Bürgermeister Franz Conrad Romanus angelegt und damit eine Route für das Promenieren und Reiten um die Stadt herum geschaffen (SCHOTTKE 1994, LEHMANN 1998: 8). In dem Bereich zwischen Grimmaischen und Halleschem Tor ließ der Leipziger Baudirektor Johann Friedrich Danthe zwischen 1786 und 1796, eine Parklandschaft anlegen. Vor dem Grimmaischen Tor, auf dem Gelände des heutigen Augustusplatzes, der im Einfahrtsbereich zum Stadtzentrum lag, schuf Danthe eine Umrahmung aus Pappeln und Kastanien. Ein Fahrweg teilte diesen mittig. Der Platz hatte schon seine ungefähren späteren Ausmaße und seine Lage und blieb vorerst unbebaut, er wurde lediglich von Barrieren aus Kanthölzern begrenzt (BEHRENDS 1992: 92). In den Messezeiten stauten sich auf dem Platz Wagen und Messeverkäufer (TOPFSTEDT 1998: 14).

Der Promenadenring wurde zu einer beliebten Flaniermeile: Die bürgerliche Gesellschaft pflegte hier ihre Freizeit zu verbringen mit Spaziergängen um die Stadt herum, um zu sehen und gesehen zu werden. Ebenso hatten Bürger niederer sozialer Schichten hier die Möglichkeit an der ‚großen Gesellschaft' teilzuhaben (TOPFSTEDT 1998: 13). Der Handel fand innerhalb der Stadtmauern statt, Entspannung und Vergnügen suchte man jedoch davor (LEHMANN 1998: 14). So wurde aus dem Gelände vor den Toren der Stadt ein urbaner Raum, der die innere, ehemals ummauerte Stadt mit den Vorstädten zu verband. Zentrumsnah und doch großflächig war er ideal geeignet, zum Dreh- und Angelpunkt der Großstadtentwicklung zu werden. Er nahm neu entstehende Verkehrsströme auf und wurde zum Freizeit- und Repräsentationsraum für die an Bevölkerung rasant zunehmende Stadt (TOPFSTEDT 1998: 7). Kulturelle und gesellschaftliche Bauten und Denkmäler entstanden. Auf dem Platz vor dem Grimmaischen Tor wurden zwischen 1789 und 1799 zwei Rasenrondelle angelegt. Der Plan von 1799 zeigt, dass bereits in dieser Zeit ein Postgebäude östlich an den Platz grenzte.

4.1.2 Bebauung vor 1831

Als zum Ende des 18. Jahrhunderts die ästhetische Gestaltung des damals noch namenlosen Augustusplatzes begann, grenzte dieser mit seiner Westseite an die äußere Stadtmauer. An das zentral befindliche Grimmaische Tor schlossen sich in nördlicher Richtung die Kollegiengebäude der Universität und südlich der mittelalterliche Baukomplex des ehemaligen Dominikanerklosters (Paulerkloster, Paulinum), inzwischen der Universität angeeignet, an (BEHRENDS 1992: 86). Nach der Säkularisierung des Klosters mit Einführung der Reformation 1539 hatte der Herzog Moritz von Sachsen im Jahr 1543 die Klosteranlage der Universität übereignete, die 1409 in Leipzig gegründet worden war. Die Universitätskirche wurde für den evangelischen Gottesdienst sowie als Aula umgebaut und am 22.8.1545 von Dr. Martin Luther geweiht (FÜSSLER 1964: 40, BEHRENDS 1992: 86).

4.1.3 Der Augustusplatz und seine Bauten bis 1880

Der begrünte Platz, das Areal ,Vor dem Grimmaischen Thore' erhielt im Jahre 1837 seinen Namen ,Augustusplatz' (FÜSSLER 1964: 77). Die Namensgebung vollzog sich zu Ehren des ersten sächsischen Königs Friedrich August I. (1750 – 1827) seit 1763 Friedrich August III. Kurfürst, 1806 durch Napoleon zum König von Sachsen erhoben, der nach dem Siebenjährigen Krieg zu einem Symbol des wirtschaftlichen Aufschwungs geworden war (BEHRENDS 1992: 84).
In drei baulichen Etappen wurde der Platz zwischen 1830 und 1930 von den Monumentalbauten umgeben, die ihn prägen sollten und nahm damit seine Stellung als zentraler und zu damaliger Zeit größter Platz der Stadt ein (BEHRENDS 1992: 84, FÜSSLER 1964: 77). Die Bebauung wurde 1831 mit dem Baubeginn des Alten Augusteums eingeleitete (CAMPEN et al. 1996: 206). Nicht nur das Grimmaische Tor wurde abgerissen, sondern auch die alten Universitätsgebäude wurden nach der Universitätsreform erneuert. Die sogenannten Zwingerhäuser an der Stadtmauer und das Dormitorium des

ehemaligen Klosterkomplexes wurden beseitig, an dessen Stelle entstand zwischen 1831 und 1836 das klassizistische Augusteum, von Albert Geutebrück unter Berücksichtigung eines Risses von Karl Friedrich Schinkel erbaut (Schinkel-Portal) (WUSTMANN 1990: 189, FELLMANN et al. 1981: 25). Dem Platz war nun eine zwar schlichte, aber monumentale Fassade und nicht mehr die Rückseite eines Gebäudes zugewandt. Das neue Augusteum eröffnete sich dem Platz und initiierte damit dessen architektonischen Werdegang. Der Thüringer Zuckerbäcker Wilhelm Felsche erwarb nach dem Abbruch des Grimmaischen Tores einen Teil des Geländes und errichtete darauf 1835 das „Café Français" genannte Kaffeehaus Felsche, von dessen Terrasse man den noch jungen Platz überblicken konnte (MÖBIUS 1997: 78, BENNEMANN 1940: 136). Albert Geutebrück war auch für die weitere Gestaltung des Augustusplatzes „in der ruhigen Abgewogenheit des Biedermeier" verantwortlich (FÜSSLER 1964: 80).

Zwischen 1836 und 1838 entstand an der nördlichen Ostseite das Hauptpostgebäude. Auch das Postgebäude blickte mit seiner mächtigen Fassade zu dem Platz hin (BEHRENDS 1992: 96). Die Gestaltung ähnelte dem Augusteum (FÜSSLER 1964: 82). Das dreigeschossige Gebäude bestand aus einem Haupt- sowie zwei Nebenflügeln. Die Fassade war in schlichten Formen der italienischen Renaissance gehalten mit dafür charakteristischen Rundbogenfenstern im Erdgeschoss (BEHRENDS 1992: 96).

Um die Mitte des 19. Jahrhunderts hatte sich damit auf der südlichen Hälfte der Westseite und dem nördlichen Abschnitt der Ostseite eine Platzwand geformt, indes der Platz nach Norden durch die Gartenanlagen der Promenaden beschlossen wurde. Nach Süden hin eröffnete sich ein weiter Blick über Wiesengründe und Buschwerk der Promenade folgend nach dem „Musenhügel" (BEHRENDS 1992: 98). Mittig wurde der Platz von einer Verkehrsader mit vorerst minimaler Frequentierung (abgesehen von den Messezeiten) durchtrennt (BEHRENDS 1992: 96). Die beiden Rasenrondelle wurden 1852 beseitigt, um Platz für „Meßbuden" zu gewinnen (WETTBEWERBSUNTERLAGEN 1994: 10). Die Südseite des Augustusplatzes wurde zwischen 1856 und 1865 mit dem Bau des Bildermuseums durch den Berliner Architekten Ludwig Lange abgedichtet. Es nahm die Kunstschätze der Stadt sowie die Gemäldesammlung des Kunstvereins auf und hatte die Form eines zweigeschossigen Würfels, den im

Mittelteil eine flache, achtseitige Kuppel überragte und der mit einer Balustrade umzogen war (BEHRENDS 1992: 98). Seine architektonische Vollendlung erfuhr der neu entstandene Platz mit der Schließung der Nordseite, wo von 1864 bis 1867 das Neue Theater nach den Plänen des Berliner Oberbaurats Carl Ferdinand Langhans erbaut wurde, einem kunstvollen Prachtbau mit Dreiecksgiebel und angrenzenden Seitenflügeln (WUSTMANN 1990: 195).

Der junge Platz hatte nunmehr seine zukünftige endgültige Gestalt erfahren, die er bis heute beibehalten sollte, wenn auch nicht in gleichbleibender Umbauung. Abgesehen von einigen alten Häusern im südlichen Teil der Ostseite, mitunter von Gärten umgeben, hatte der Platz eine durchweg klassizistische Prägung erhalten (BEHRENDS 1992: 99). 1862 erhielt der Platz eine Baumumpflanzen mit Ausnahme der Nordseite sowie eine Bepflanzung der Verbindung Grimmaische Straße/ Grimmaischer Steinweg (WETTBEWERBSUNTERLAGEN 1994: 10f.). Die sich in der Folgezeit schnell weiterentwickelnde Stadt hatte einen repräsentativen, vorzeigbaren Platz erhalten, der sich innerhalb kürzester Zeit von einem Flanierraum am Rande der Stadt zu einem zentralen Platz mit weitreichender Bedeutung verwandelte (BEHRENDS 1992: 99).

4.1.4 Der Augustusplatz und seine Bauten 1881 bis 1930

Hintergrund der weiteren Entwicklung des Platzes bildete die industrielle Revolution, die Bevölkerungswachstum, Produktionssteigerungen in Landwirtschaft, Industrie und im tertiären Bereich, neue Verkehrsmittel und Verkehrswege sowie neue Strömungen im Denken mit sich brachte. Die Veränderungen prägten das neue Bild der Stadt (BENEVOLO 1990: 781f.). Vorstädte und Gewerbeansiedlungen wucherten, auch im Osten der Stadt (graphische Industrie). Leipzig entwickelte sich zur Großstadt, von rund 40.000 EW 1830 auf 625.000 zu Beginn des 1. Weltkriegs, zur viert größten Stadt nach Berlin, Hamburg und München und zu einer der führenden Industriestädte des deutschen Reichs (GERBEL 1996: 124). Die vergleichsweise bescheidenen Bauten am größten Platz der Stadt genügten den gestiegenen Repräsentationsansprüchen nicht mehr (BEHRENDS 1992: 100). So wurden am Augustusplatz, in dem Bemühen um Erhalt des Bestehenden, nacheinander die Fassaden nach dem Vorbild der italienischen Hochrenaissance umgestaltet

(RIEDEL 2005: 29, WETTBEWERBSUNTERLAGEN 1994: 11). Von 1881 bis 1884 erfolgte der Umbau des Reichspostgebäudes in repräsentativen Formen, von 1883 bis 1884 bekam das Bildermuseum durch Stadtbaurat Hugo Licht ein palastartiges Aussehen mit Erweiterungen in Neorenaissanceformen.

Das Caféhaus Felsche wurde 1885 im Stil der Renaissance umgestaltet. Nördlich des Cafés, auf der rechten Seite der Grimmaischen Straße, schlossen sich Wohn- und Geschäftshäuser an. Im Jahr 1886 erhielt der Platz einen zentralen Blickfang durch einen Brunnen, der auf der südlichen Platzseite der installiert wurde: den sogenannte Mendebrunnen, der auf eine Stiftung der Kaufmannswitwe Marianne Pauline Mende zurückgeht, mit seinem 18 m hohem Granitobelisken und den Figurengruppen des Münchener Bildhauers Jacob Ungerer (Entwurf Adolph Gnauth).

Es folgte der Neubau des Universitätskomplexes in Neobarock und Neorenaissance und im Anschluss daran die Umgestaltung der Universitätskirche. Baumeister war Arwed Roßbach (BEHRENDS 1992: 101). 1891/92 wurden die letzten Klostergebäude südöstlich der Kirche abgebrochen, die Bibliothek mit dem Kreuzgang und das Kapitelhaus sowie das Paulineum an der Universitätsstraße. Stehen blieben lediglich die Umfassungsmauern des Augusteums (WUSTMANN 1990: 228).

Die Fassadenneugestaltung des Augusteum wurde reicher und mit Skulpturenschmuck versehen, um die spartanische Front der überlegenen Monumentalität des neugestalteten Bildermuseums anzugleichen (WUSTMANN 1990: 228). Das Schinkeltor des Augusteums wurde hierbei entnommen, und an dessen Stelle ein dreiteiliges Portal mit vier Karyatiden angebracht (FÜSSLER 1964: 83, BEHRENDS 1992: 101). Inzwischen tangierten auch zwei neue Straßen im Westen und im Osten den Platz (BEHRENDS 1992: 100). Von nun an war die Universitätskirche das einzige übergebliebene Relikt des einstmaligen Dominikanerklosters. Man befand ihre äußere Gestalt nach dem großangelegten Universitätsneubau als nicht mehr repräsentativ genug und erging sich daher in Neugestaltungen nach modernen neugotischen Vorstellungen unter Erhalt der spätgotischen Grundkonzeption. Der zum Augustusplatz hin weisende Chor erhielt dadurch das Antlitz einer Kathedrale (FÜSSLER 1964: 84). Die Umgestaltung zu monumentalen Prestigebauten präsentierte „die ökonomische und politische Führungsrolle des Großbürgertums" (GERBEL 1996: 134). Der

Platz verkörperte die urbanistischen Ideale einer von ‚Licht und Luft' durchfluteten Großstadt und wurde zum Symbol des neuen Leipzig (GERBEL 1996: 134). Zwischen den umstehenden Gebäuden breitete sich eine weitläufige Fläche aus, in deren Mitte nach wie vor eine Verkehrsader verlief.

Nach 1900 entwickelte sich der Platz im Zusammenhang mit der Cityentwicklung zu einem Brennpunkt des Großstadtverkehrs. 1880 bzw. 1884 erwuchsen im Süden der Ostseite die Geschäftshäuser F. Flinsch und Gebrüder Becker (BEHRENDS 1992: 106). Auf der dem „Café Française" nördlich gegenüber liegenden Seite, bislang nur von schlichten Häusern begrenzt (u.a. das Hotel „Schwarzes Bret"), entstand 1910/1911 nach Plänen von Martin Dülfer ein im Neohistorismus gehaltenes Geschäftshaus mit imposanter Kuppelhalle, dessen erster Mieter die Dresdener Bank war (Nr. 3 – 5). 1911-1913 entstand das Kaufhaus Bamberger & Hertz. In den 1920er Jahren wurde das Ensemble des Platzes durch die ersten Hochhäuser der Stadt ergänzt, das Kroch-Hochhaus (1927/28) und das Europahaus (1929) (RIEDEL 2005: 29, FELLMANN et al. 1981: 53). Das Bankhaus des jüdischen Bankiers Hans Kroch, nach Entwürfen des Münchner Architekten German Bestelmeyer erbaut, dessen Glockenspiel dem Uhrenturm auf dem Markusplatz in Venedig nachempfunden ist, sollte eine starke Dominante in der bewegten Silhouette der Westseite des Platzes bilden (WASMUTHS 1929: 401). Die Errichtung auf einem sehr schmalen und daher im Grunde wertlosen Grundstück wurde durch seine Bebauungshöhe ausgeglichen. (FELLMANN et al. 1981: 53). Das schräg gegenüber gelegene, noch höhere ‚Europahaus' (14 Stockwerke) wurde in Stahlskelettkonstruktion durch Otto Karl Burghardt erbaut (FÜSSLER 1964: 107).

4.1.5 Der Platz nach 1945

Während des ersten großen Luftangriffs auf Leipzig im Zweiten Weltkrieg in der Bombennacht vom 3. zum 4. 12. 1943 wurde die gesamte Platzanlage ausgenommen der Paulinerkirche und des Kroch-Hochhaus zerstört bzw. schwer beschädigt. Sämtliche wichtigen Gebäude brannten aus, einzig die Universitätskirche wurde durch Löschen der eingeschlagenen Brandbomben gerettet. Am 01.08.1945 wurde der Augustusplatz in Karl-Marx-Platz umbenannt (BEHRENDS 1992: 107, RIEDEL 2005: 29, TOPFSTEDT 1994: 69). Nach dem

Krieg ging es in erster Linie um die Frage des Wiederaufbaus der Stadt. 1948 wurde von der Stadtverordnetenversammlung der Sanierungsplan für die innere Altstadt beschlossen (BEHRENDS 1992: 108). Sämtliche Ruinen am Platz galten zunächst als sanierungsfähig. Die wirtschaftlichen Möglichkeiten gestatteten jedoch keine unverzügliche Realisierung der Sanierungsmaßnahmen (TOPFSTEDT 1994: 69). Erst am 30.7.1959 fasste das Politbüro des ZK der SED den Beschluss zur Neugestaltung des Karl-Marx-Platzes, welcher die Grundlage aller weiteren planerischen Überlegungen bildete (TOPFSTEDT 1994: 69). Ein Bebauungsplan sah vor, das Bildermuseum und das Universitätsgebäude wieder aufzubauen. In einem baulichen Gutachten des Augusteums vom 2.12.1959 heißt es: „Die Besichtigung an Ort und Stelle zeigte, dass die Bausubstanz im allgemeinen keine Mängel aufweist, die sich auf Tragsicherheit und Standsicherheit ungünstig auswirken könnten" (UAL198a: 1). Der Abriss sollte wegen des Verlustes an Bausubstanz vermieden, nur das Hauptpostamt neugebaut werden. Die Universitätskirche sollte durch Verrollen um ca. 45 m zurückgesetzt werden, da ein Sakralbau im neuen sozialistischen Platzensemble unerwünscht war. Ursachen für den anschließenden Gesinnungswandel sind sicherlich zu einem großen Teil in der neuartigen Ideologie des jungen Staates zu finden, die sich stark an östlichen, sowjetischen Vorbildern orientierte. Sie sollte sich auch in der Stadtausgestaltung und im Städtebau manifestieren. Ziel des sozialistischen Städtebaus war es, weiträumige, großzügige und lichtdurchflutete Zentren zu errichten, als Verkörperung eines Zukunftsideals (WINTER 1998: 28). Es findet sich auch der Begriff ‚Herrschaftsarchitektur', jedoch begann in den 60er Jahren überall in Europa eine technologische Emanzipation. Die Entwicklung des Verkehrswesens und ein neues Lebensbewusstsein veranlassten dazu, den Deckmantel überkommener Traditionen abzuwerfen und die neuen Lebensweisen in modernen Bauweisen zu manifestieren (TOPFSTEDT 1994: 71). Das Konzept des Augustusplatzes wurde das eines pompösen sozialistischen Demonstrationsplatzes. Leipzig wurde als eine der wichtigsten Aufbaustädte der DDR eingestuft (TOPFSTEDT 1994: 69). In mehreren Schritten wandte man sich von den einstigen Sanierungsplänen ab und beschloss eine Neugestaltung nach modernen Idealen. Den Abrissplänen stießen zunächst auf breite Ablehnung, setzten sich aber schließlich durch. Auf den Abbruch der Theaterruine 1955 folgte 1963 die Sprengung der Ruine des

Museums der bildenden Künste (ARNOLD 2004: 19, BEHRENDS 1992: 110). Einem Beschluss der Stadtverordnetenversammlung vom 23.5.1968 zur totalen Neubebauung der südlichen Westseite des Platzes folgte die Sprengung der Unikirche. Um den Erhalt der über 500 Jahre alten Universitätskirche, der einzigen im mittelsächsischen Raum erhaltenen Bettelordenskirche und dem einzigen noch aus der Gründungszeit der Universität erhalten gebliebenen Bauwerk, hatte sich im Vorfeld eine heftige Debatte entfacht. Der Verzicht auf die Altbausubstanz zollt Dank vor allem dem geplanten großangelegten Universitätsneubau, der sozialistisch einheitlichen Ausgestaltung des Platzes und auch dem säkularisiert ausgerichtetem Gedankengut des Staates. Am 30.5.1968 wurde die 30.05.1968 wurde die Paulinerkirche unter großer Anteilnahme in der Bevölkerung und anschließend auch das Augusteum sowie die übrigen dahinter liegenden Universitätsbauten gesprengt (BEHRENDS 1992: 110, ARNOLD 2004: 19). Als erstes neu errichtetes Gebäude und einziges, das sich in seiner Bauweise noch an alten Traditionen des Augustusplatzes orientierte wurde das Opernhaus am 08.10.1960 eingeweiht. Es orientierte sich in seiner Bauweise noch an den klassizistischen Vorbildern (TOPFSTEDT 1994: 71). In der übrigen Gestaltung des Platzes wurde keinerlei Rücksicht mehr auf historische Bautraditionen genommen (GRUNDMANN et al. 1996: 54). Die neue Hauptpost wurde von Kurt Nowotny zwischen 1961 und 1964 erbaut, ein siebengeschossiger Stahlbetonskelettbau mit Glas-Aluminium-Vorhangfassade, der erste im Gesellschaftsbau der DDR (TOPFSTEDT 1994: 72).

Südlich des Grimmaischen Steinweg entstand zwischen 1963 und 1965 das siebenstöckige Hotel ‚Deutschland' der Interhotelkette nach dem Entwurf von Helmut Ullmann und Wolfgang Scheibe in Plattenbauweise. Nördlich der Hauptpost wurde das Gebäude des Chemieanlagenkombinats errichtet (TOPFSTEDT 1994: 72f., WETTBEWERBSUNTERLAGEN 1994: 12). Auf dem durch die Sprengung freigewordenen Grundstück der alten Universitätsbauten wurde zwischen 1986 und 1975 ein aus mehreren freistehenden Gebäuden bestehender, sich um einen atriumartigen Innenhof versammelnder und sich nach allen Seiten hin öffnender Universitätsneubau nach dem Entwurf von Hermann Henselmann realisiert (TOPFSTEDT 1994: 74). An der Südwestecke des Platzes entstand das 142, 5 m hohe Sektionshochhaus in dreieckigem Grundriss (‚Turm der Wissenschaft'), das heute noch weithin über die Stadt sichtbar ist und den Gesamteindruck des Platzes stark veränderte. Es ist ein Beispiel der der in den sechziger Jahren propagierten Bilderarchitektur im Städtebau und soll ein aufgeschlagenes Buch darstellen (Städtebau und Grundkonzept: H. Henselmann, H. Siegel, A.G. Gross, H. Ullmann) (TOPFSTEDT 1994: 74, WETTBEWERBSUNTERLAGEN 1994: 12). Das Gewandhaus, das auf Dringen des Gewandhausdirektor Kurt Masur hin zwischen 1977 und 1981 in futuristischer Form entstand und sich einer ausgezeichneten Akustik rühmt, vervollständigte das Ensemble des neuen Platzes im Süden (Architekt: R. Skoda und Kollektiv) (TOPFSTEDT 1994: 74). Die Baumaßnahmen für den Universitätsneubau erforderten in den sechziger Jahren die Verlegung einiger Straßen sowie der Straßenbahnführung aus der Schillerstraße auf die Ostseite des Platzes und den Verkehrsausbau des östlichen Promenadenringes. Die freien Flächen vor dem Opernhaus und dem Gewandhaus wurden als Parkplätze genutzt, so dass die schon vor dem 2. Weltkrieg bedeutende Funktion als Verkehrsknotenpunkt weiter verstärkt wurde (GRUNDMANN et al. 1996: 54).

4.1.6 Der Augustusplatz nach 1989

Im Herbst 1989 demonstrierten auf dem Karl-Marx-Platz Hunderttausende für die Öffnung der Grenzen der DDR und für Freiheit, wodurch der Platz unter anderem zu einem Sinnbild der Wendezeit wurde. Am 02.10.1990 stimmte der Stadtrat für die Rückbenennung des Platzes in Augustusplatz. 1994 wurde ein Wettbewerb zur Neugestaltung des Platzes ausgeschrieben (WETTBEWERBSUNTERLAGEN 1994). Zwischen 1995 und 1998 erfolgte die in der Leipziger Bevölkerung umstrittene Neugestaltung. Der Entwurf geht auf den Münchener Architekten Bernhard Winkler zurück und hat dem Platz zu seinem heutigen Antlitz verholfen (RIEDEL 2005: 30).

Die Geschichte des Augustusplatzes verdeutlicht, wie sich Veränderungen des politischen Systems, der Lebensweise und der Lebensanschauung in die visuelle Ausgestaltung des Stadtbildes einschreiben. Nach dem Ende des DDR-Regimes versuchte man vor allem von der reinen Funktionalität und der Zwecknutzung des Platzes wegzukommen und den Platz wieder zu einem sinnlich erfahrbaren Lebensraum umzugestalten.

4.2 Art des Platzes

Bei dem Augustusplatz handelt es sich um einen klassischen umbauten Rechteckplatz. Sein Grundriss ist symmetrisch und der Platz wird heute durch eine Mitteltrasse in zwei Hälften geteilt. Die umstehenden Gebäude grenzen zum Teil nicht direkt an den eigentlichen Platz, sondern sind an der nördlichen Westseite und der Ostseite durch eine Straße von ihm getrennt (Post, Radisson-Hotel, Kroch-Hochhaus). Der Platz kann als Stadtplatz, Kulturplatz oder Repräsentationsplatz (vor allem historisch) bezeichnet werden. Der Platz wird durch das City-Hochhaus dominiert.

4.3 Formale Merkmale

4.3.1 Proportionen

Der Augustusplatz ist durchschnittlich 180 m breit und 225 m lang (Jähne 1958). Er hat eine Ausdehnung von 40.000 m² und ist aufgrund seiner Größe nicht sehr überschaubar, die vorherrschenden Entfernungen überschreiten die Abstände, in denen zwischenmenschliche visuelle Kontaktaufnahme möglich wäre. Hingegen sind die Gebäude vom Platz her gut überschaubar, außer dem City-Hochhaus mit seinen 142,5 m Höhe. Insgesamt wirkt der Platz weiträumig. Das ideale Verhältnis 3 : 1 Grundfläche zu Gebäudehöhe ist nicht gegeben, statt dessen liegt das Verhältnis Gebäudehöhe zu Grundfläche bei etwa 6 : 1 (Breitenausdehnung) bzw. bis zu 9 : 1 (Längenausdehnung), das Opernhaus hat beispielsweise ein Traufhöhe von 25 m (LÄSSIG et al. 1971: 200), das Krochhochhaus ein traufhöhe von 43 m (Jähne 1985). Der Platz wirkt dadurch stark weiträumig und ungemütlich.

4.3.2 Architektur

Die Architektur des Platzes geht auf städtebauliche Leitvorstellungen de DDR zurück. Sämtliche Gebäude, die sich heute am Platz befinden, außer jene an der nördlichen Westseite und das Europahaus an der südlichen Ostseite, wurden in den Jahren und Jahrzehnten nach dem 2. Weltkrieg neu erbaut. Der Stil orientiert sich an neuen Bauweisen der 60er und 70er Jahre des 20. Jahrhunderts, die Post war das erste in Stahlskelettbauweise errichtete Bauwerk. Die Oper mit ihrer hellen Sandsteinfassade ist das einzige Gebäude, das sich zumindest noch teilweise an historischen Vorbildern im Baustil orientiert. Das Eckgebäude Goethestraße/Grimmaische Straße sowie das Kroch-Hochhaus sind Zeitzeugen des einst am Platz vorherrschenden Stils. Derzeit wird der Universitätsbau neu errichtet. Das ehemalige Hauptgebäude, ein schlichter Plattenbau, ist abgerissen worden. Der Neubau obliegt dem Architekten Erick van Egeraat.

4.3.3 Topographie

Die Oberfläche des Platzes ist befestigt, wobei sich raue Steinplatten (Granit) und schmale vierreihige Pflastersteinstreifen abwechseln und auf der nördlichen und südlichen Platzhälfte jeweils ein kreuzförmiges Muster schaffen (der Mittelpunkt des Kreuzes wird jeweils durch den Brunnen gebildet). Im Nordteil sind an drei Ecken und im Südteil an der südlichen Platzseite noch diagonale Quadrat-Reihen vorhanden. Der nördliche Brunnenbereich ist gepflastert. Insgesamt ist der Umgang mit der Pflasterung spielerisch realisiert. Farblich ist der Platz in hellen grau-braun-Tönen gehalten. Der Platz wird trotz seiner Befestigung ökologischen Vorgaben gerecht und bietet ein weitgehend hindernisfreies Bewegen.

45

Abb. 1: Platten- und Steinpflaster auf dem Augustusplatz, Foto: J. Lehnert

Abb. 2: Kreisförmige Pflasterung um eine Kanalabdeckung, Foto: J. Lehnert

Abb. 3: Pflasterung und Begrenzung Brunnen vor der Oper, Foto: J. Lehnert

Auf dem Augustusplatz wurde eine diskrete, aber abwechslungsreiche, belebende Topographie realisiert in Form von Höhenunterschieden, Treppen und Schrägen, so dass eine spannungsvolle Oberflächengestaltung entsteht. In der nördlichen Hälfte trennen Stufen den Platz von dem niedriger gelegenen Gang unter der Pergola und der Baumbepflanzung. Auf der südlichen Platzhälfte befindet sich zwischen der äußeren Baumreihe und dem Gang unter der Pergola ein größerer Höhenunterschied (der häufig als Sitzgelegenheit genutzt wird). Auch die Mitteltrasse wurde, vor allem aus technischen Gründen, durch eine

Stufe vom Platz abgetrennt, wohingegen die beiderseits der Mittelstraße verlaufenden Straßen nur durch eine kaum wahrnehmbare Höhendifferenz sich von der Platzfläche unterscheiden. Hier wurde behinderten- und altengerechter Gestaltung Rechnung getragen.

Abb. 4: Einarbeitung von Höhenunterschieden im Platzfeld, Foto: J. Lehnert

Mit Höhenunterschieden wurde auch im Bereich der Brunnen gearbeitet. Der Mendebrunnen erhebt sich über den Platz (er liegt drei Stufen höher als seine Umgebung) und wird dadurch hervorgehoben. Der Brunnen vor der Oper bildet kontrastiv dazu eine muldenförmige Vertiefung, wodurch die Weite des Platzes optisch reduziert wird. Leichte Schrägen befinden sich im Bereich des östlichen Platzeinganges seitlich der Straßenbahntrasse. Weitere Abstufungen sind im Bereich des Restaurant Augustus und im Bereich der Oper zu finden. Die Ostseite des Platzes ist von einer etwa 1,5 m hohen Mauer begrenzt, die den Platz zur angrenzenden Straße hin abschirmt. Oberhalb der Mauer zieht sich ein mit Rasen bzw. Sträuchern bewachsener Erdhügel entlang. Im nördlichen Teil ist auf diesem ein Fußweg angelegt, der an einer Stelle über eine Treppe mit dem Platz verbunden ist.

4.3.4 Platzinventar

Der Platz ist insgesamt gut Inventarisiert, jedoch nicht völlig überladen. Auffälligstes Platzmobiliar sind die acht zylinderförmigen Parkhausausgänge, vier auf jeder Platzhälfte, mit der opaken Plexiglasverkleidung (im Volksmund ‚Milchtöpfe' genannt).

Nachts werden sie beleuchtet und ersetzen anderweitige Beleuchtung auf dem Platz. Straßenleuchten sind jeweils nur an den Rändern der angrenzenden Straßen aufgestellt. Die Westseite des Platzes ist durch eine Pergola begrenzt, die in der Mitte des Platzes unterbrochen wird. Ihre Gestaltung ist schlicht und modern mit einer gerundeten Überdachung. An den Seiten wird der Platz von doppelten Reihen Lindenbäumen in steinernen, bepflanzten Quadern begrenzt, nur im östlichen Nordteil stehen die Bäume außerhalb des Platzfeldes auf dem abgrenzenden Erdwall. Im Gegensatz zur Pergola, die sich gleichmäßig über beide Platzhälften hinzieht, sind durch ein Verschieben der Baumreihen Akzente gesetzt: im südlichen Teil befinden sich die Raumreihen vor und im nördlichen Teil hinter der Pergola vom Platz aus gesehen. Die Platzränder werden auch von Sitzbänken (klassische braune Holzbänke) begrenzt, jeweils 10 an jeder Seite und auf jeder Platzhälfte. Der Mendebrunnen auf der südlichen Platzhälfte ist noch in seiner ursprünglichen Form vorhanden und von zwei halbkreisförmigen Steinmauern mit Sitzauflagen umgeben, innerhalb derer sich Blumenrabatten befinden.

Den Nordteil des Platzes prägt ein muldenförmiger runder Brunnen. Der Zugang zum Platz von der Grimmaischen Straße her wird bestimmt von der Tiefgaragenzufahrt sowie der Lüftungsanlage der Tiefgarage. Am Eingang der Pergola befindet sich ein gläsererer Fahrstuhl zur Tiefgarage. Der Mittelteil des Platzes wird von der Straßenbahntrasse und deren Zubehör bestimmt: Wartehäuschen, Fahrkartenautomaten, Straßenbahnleitschienen, Masten, Schienenstränge. Weiterhin befinden sich öffentliche Fernsprecher auf dem Platz (ein Zelle an der nordwestlichen Platzecke sowie eine Telephonsäule am Eingang zur südlichen Pergola). Vor dem Universitätsneubau steht eine überdachte Litfaßsäule, eine weitere Litfaßsäule befindet sich links des Zugangs zur nördlichen Pergola. Elektroschaltkästen sind diskret im Schatten der Parkhausausgänge oder am Rande der die Bäume umgebenden Beete aufgestellt. Papierkörbe sind in unauffälligem Metalldesign mit Lochoptik gehalten. An der südwestlichen Seite der Nordhälfte des Platzes befindet sich eine Fahrradleihstation. Am mittleren westlichen Platzrand sind beleuchtete Werbeträger aufgestellt.

4.3.5 Symbolische Ausstattung

Aufgrund der drastischen Umbaumaßnahmen der 60er bis 80er Jahre des 20. Jahrhunderts ist der Platz als materieller Erinnerungsort nur geringfügig ausgeprägt. Der Mendebrunnen und der muldenförmige Brunnen im Nordteil des Platzes nehmen bezug auf die historischen Rasenrondelle. Der Opernbau ist in Anlehnung an den klassizistischen Theaterbau gestaltet. Mit dem in den Universitätsneubau integrierten Kirchenraum, der sich an den Grundformen der Universitätskirche orientiert, wird der Versuch unternommen, ein Stück Erinnerungskultur wieder herzustellen.

4.4 Bedeutung und Funktion des Augustusplatzes

Mit seinen knapp 4 ha Grundfläche zählt der Augustusplatz zu den größten innerstädtischen Plätzen Europas. In etwa 200 Jahren seit seiner Entstehung hat sich der Platz zum größten Platz der Stadt und zum Kultur- und Wissenschaftsstandort im Zentrum von Leipzig entwickelt. Vor dem Zweiten Weltkrieg wurde er als einer der schönsten Plätze Europas betitelt. In seiner Entstehungsphase war das Gelände des späteren Augustusplatzes Teil des Leipziger Promenadenrings und Promenier- und Flaniermeile. Mit dem Ausbau des Promenadenrings ging eine immer stärkere gesellschaftliche Nutzung einher. Auf den Flaniermeilen trafen sich Mitglieder aller gesellschaftlichen Schichten. Die Promenaden waren ein Ort der Entspannung und des Vergnügens. Man wanderte und spazierte in aller Beschaulichkeit die baumbestandenen Alleen auf und ab um zu sehen und gesehen zu werden.

Der Augustusplatz mit dem 1831 abgebrochenen Grimmaischen Tor lag im Einfahrtsbereich zum inneren Stadtkern. Dadurch hatte er von Anbeginn eine Funktion als wichtiges Verkehrsareal. Der Fahr- und Fußverkehr von Dresden oder Grimma in die innere Stadt führte über den Platz. Während der Messezeiten stauten sich auf dem Platz Wagen und Messestände. Mit dem Umbauungsbeginn 1831 verwandelte sich der Platz. War er zuvor ein reiner Präsentierraum gewesen, wurde er nun mit der steigenden Industriealisierung der Stadt zu einem Repräsentationsplatz der bürgerlichen Elite. Monumental und prestigeträchtig eignete er sich hervorragend (vor allem durch seine Weiträumigkeit) für öffentliche Feste und Feiern, Aufmärsche und Prozessionen. Seine zentrale Lage prädestinierte ihn zum Treffpunkt für zusammentreffende Gruppen aus unterschiedlichen Richtungen und damit für Demonstrationen (TOPFSTEDT 1994: 115). Auseinandersetzung, mitunter bewaffnete, wurden auf dem Platz ebenso ausgetragen (Revolutionstage 1849) wie friedliche Kundgebungen (Antikriegskundgebungen nach dem ersten Weltkrieg). Die große Sympathiekundgebung für die Revolution am 10.11.1918 besiegelte das Schicksal und den Ruf des Platzes als Kundgebungsort der Arbeiterorganisationen (TOPFSTEDT 1994: 123). Während der Weimarer Republik fanden Streikkundgebungen und Maifeierlichkeiten auf dem Platz statt. Diverse Verbände und Organisationen der Arbeiterschaft nutzten den Augustusplatz für Arbeiteraufmärsche (TOPFSTEDT 1994: 124), die USPD und KPD für parteipolitische Großveranstaltungen (TOPFSTEDT 1994: 115). 1925 sprach Ernst Thälmann im Rahmen der Antikriegskundgebung und 1930 auf dem V. Reichsjugendtag des Kommunistischen Jugendverbandes Deutschlands auf dem Platz (FELLMANN et al. 1981: 104). Während der nationalsozialistischen Herrschaft diente der Augustusplatz aufgrund seiner repräsentativen Lage als Platz der Verherrlichung des Regimes. Maifeiern mit Übertragungen der Hitlerreden aus Berlin, Hitlerjugendaufmärsche und andere Festlichkeiten wurden auf dem Platz abgehalten (TOPFSTEDT 1994: 116). Während der Messe und zu großen Aufmärschen wurden Kriegseroberungen präsentiert (französische und englische Beutestücke (TOPFSTEDT 1994: 109).

In der sozialistischen Ära war die Hauptfunktion des Platzes die eines Aufmarsch- und Paraderaumes. Dafür war er konzipiert worden. Es gab FDJ-Pfingsttreffen und Sportfeste, Jubiläumsfeiern zum DDR-Geburtstag und traditionelle Arbeiterfeste (TOPFSTEDT 1994: 117). 1961 versammelten sich über 100.000 Leipziger auf dem damals Karl-Marx-Platz genannten Augustusplatz, um Walter Ulbricht, der gebürtiger Leipziger war, zu sehen und zu hören (TOPFSTEDT 1994: 117). In den 80er Jahren gab es jährlich zum Ende der Herbstmesse Demonstrationen für die Opfer des Nationalsozialismus. Die Ausschreitungen vom 17.Juni 1953 fanden auch auf dem Augustusplatz statt (TOPFSTEDT 1994: 109). Wie für jede Stadt der DDR gab es für Leipzig einen Demonstrationsplan, der auf dem Augustusplatz 20.000 stehende Demonstranten vorsah bzw. 30.000 vorüberziehende, 70.000 Menschen pro Stunde (WINTER 1998: 30). Ungeachtet der bewussten Bedeutungszuweisung als Demonstrationsplatz fungiert der Platz weiterhin der freien Versammlung und Zusammenkunft von Menschen. Parallel zu seiner Funktion als Demonstrations- und Festplatz war er, wie schon erwähnt, stets ein wichtiger Verkehrsplatz. Mit der ersten Straßenbahn begann er sich zu einem Straßenbahnknotenpunkt zu entwickeln, eine Funktion, die er bis heute beibehalten hat. Schon in den 20er Jahren wurde er darüber hinaus als Parkplatz genutzt (TOPFSTEDT 1994: 110). Diese Funktion hatte er auch in den 80er und 90er Jahren. Die Parkgelegenheiten sind inzwischen in die Tiefgarage unter dem Platz verlagert worden. Aber die mit opakem Milchglas verkleideten Ausgänge prägen das Bild des Platzes stark. Der motorisierte Verkehr wird noch immer über den Platz geführt bzw. tangiert diesen und beeinträchtigt die Aufenthaltsqualität. Der Platz diente in allen Zeiten auch dem Vergnügen und der Zerstreuung. Volksfesten und Sportveranstaltungen bot der Platz Raum, ebenso musikalischen Events oder Werbeaktionen. Im Jahr 1950 wurde vor den Resten der Opernruine eine Filmleinwand aufgebaut, auf welcher die Vereinigung Volkseigener Lichtspielbetriebe Filme der Sowjetunion und der DEFA vorführte. Auch zur Frühjahrsmesse 1951 gab es eine Leinwand vor dem Theaterbauplatz (TOPFSTEDT 1994: 109). Während der Messezeiten wurde auf dem Augustusplatz für den internationalen Handel geworben. Anfang der 50er bis 60er Jahre standen zu den Messezeiten Messepavillions auf dem Platz (TOPFSTEDT 1994: 109). 1922 wurde er zum Schauplatz des Arbeiterturn- und Sportfestes. In heutigen Zeiten werden auf dem Platz Sportwettkämpfe und - veranstaltungen unterschiedlichster Art ausgetragen, wie Beachvolleyballturniere, Snowboard-Veranstaltungen oder Marathon. In den Wintermonaten steht eine Eislaufbahn zur Verfügung. Während der Fußball WM 2006 wurden die Spiele auf dem Platz auf Großleinwand übertragen.

Besondere historische Bedeutung erhielt der Augustusplatz im Herbst des Jahres 1989, als er zum Sammelpunkt für die Montagsdemonstrationen wurde, welche das Ende des DDR-Regimes einleiteten. Diese anfänglich noch kleinen Demonstrationen auf dem Nikolaikirchhof gingen Ende September auf den Augustusplatz und den Ring über. Reden der demokratischen Organisation und der Parteien wurden auf dem Platz gehalten (GRUNDMANN 1996: 55). An sieben Montagen, vor allem am 30.10.1989 und am 06.11.1989 fanden sich Hunderttausende zu den Kundgebungen ein, welche die politische Wende initiierten. Bei der letzten Montagsdemonstration riefen Kurt Masur und Friedrich Magirius zum Schweigemarsch auf und 150.000 Menschen demonstrierten schweigend mit Fackeln und Kerzen auf dem Augustusplatz (RIEDEL 2005: 30).

Eine wichtige Funktion, die der Platz erfüllt bzw. erfüllte, ist die eines Aufenthaltsplatzes. Zu allen Zeiten luden Bänke und Sitzgelegenheiten zum Ausruhen, Verweilen und Aufenthalt ein. Die beiden Brunnen auf der Nord- und Südseite unterstreichen dieses Anliegen, das zwischenzeitlich vernachlässigt wurde, heute wieder. Mit dem Kaffeehaus Felsche verfügte der Platz ebenso wie mit dem heutigen Restaurant Augustus über ein gastronomisches Angebot. Obgleich der Augustusplatz zu keiner Zeit sehr konsumorientiert war, ist mit Zeitungskiosk und Buchhandlung auch in dieser Hinsicht ein Angebot vorhanden. Schließlich ist dem Platz ein hoher Stellenwert im kulturellen Leben Leipzigs einzuräumen. Das Opernhaus zieht ebenso ein hohes Besucherpotential, vor allem in den Abendstunden an, wie das Gewandhaus mit seiner exzellenten Akustik. Heute bietet der Augustusplatz auch Raum für öffentliche Inszenierungen und Vorführungen unterschiedlichster Art. Werbeaktionen finden auf dem Platz statt, ebenso wie Streikaktionen, Kundgebungen oder Märkte. Seine Promenier- und Aufenthaltsfunktionen wurden ihm zurückgegeben. Menschen gehen auf dem Platz spazieren, sitzen auf den Bänken oder am Brunnen, Touristen kommen auf den Platz, um das Gewandhaus, die Oper oder den Mendebrunnen zu sehen. Der Platz ist Treffpunkt, Versammlungsort, Ruhepol und Kulminationspunkt städtischen Lebensvollzugs.

5 Empirische Untersuchungen

5.1 Forschungsfragen und Hypothesen

Ziel der empirischen Untersuchung ist eine aktuelle Zustandsbeschreibung des Augustusplatzes als ‚gelebten' Raum. An dieser Stelle seien nochmals die eingangs formulierten Fragen zur Beschreibung des Raumes ins Gedächtnis zurück geholt.

> 1. Wie stellt sich der Raum real dar? (Welche Gestalt hat der Raum?)
> 2. Wie wird der Raum wahrgenommen? Was wird im Raum wahrgenommen?
> 3. Wie wird der Raum erlebt? Welche Atmosphäre herrscht vor?
> 4. Wie wird der Raum genutzt/benutzt? (Welche Funktion hat der Raum?)
> 5. Wie wird der Raum ‚gelesen'? Wie wird der Raum interpretiert? (Welche Bedeutung hat der Raum?)

Die wichtigsten Forschungsfragen sind:

- Wie wird der Platz genutzt und benutzt? Welcher Art ist die Aneignung des Augustusplatzes?
- Welche Atmosphäre herrscht auf dem Platz? Wie ist der Platz gestimmt?
- Welche Bedeutung und welches „Image" hat der Augustusplatz?
- Wie wird der Platz bewertet und in welchem Zusammenhang steht diese Bewertung zur Aneignung?

5.1.1 Aneignung des Augustusplatzes

Die Aneignung kann auf unterschiedliche Art erfolgen und beinhaltet Aufenthaltsqualitäten bzw. die Aufenthaltsdauer auf dem Platz. Folgende Forschungshypothese wurde formuliert:

Hypothese 1: Die Nutzung des Platzes lässt sich unterteilen in Transfer- und Freizeitnutzung. Die transitorische Funktion des Platzes überwiegt deutlich.

In diesem Zusammenhang ist auch von Interesse, ob der Platz außeralltäglich nur aufgesucht wird, wenn konkreter Anlass und Anreiz dazu besteht, wie öffentliche Aktionen und Veranstaltungen (Konzerte, Feste, Sport-Events).

Hypothese 2: Der Platz wird außeralltäglich nur aufgesucht, wenn bestimmte Veranstaltungen und Aktionen dazu animieren.

Offensichtlich verhalten sich unterschiedliche Nutzergruppen nicht gleich und eignen sich den Platz je auf spezifische Weise an. Von Interesse ist, welches die Nutzergruppen sind und wie der Platz jeweils benutzt wird.

Forschungsfrage1: Wie wird der Platz genutzt/benutzt?

5.1.2 Bedeutung des Augustusplatzes

Zum einen ist von Interesse, welchen Stellenwert der Augustusplatz als Kulturträger und Erinnerungsort hat. Wird der Platz als kulturelles Erbe empfunden, ist er repräsentativ für Leipzig und die Geschichte der Stadt und wie drückt sich dies in seiner äußeren Gestalt aus? Ein zentraler Platz hat auch Identifikationswert, vor allem, wenn er historisch aufgeladen ist.

Hypothese 3: Dem Augustusplatz wird als Kulturträger, Erinnerungsort und Identifikationsort für die Stadt Leipzig Bedeutung zugemessen.

Die Bedeutung des Platzes im städtischen Gefüge wird möglicherweise auch durch seine Vielseitigkeit hervorgerufen, durch die er den Interessen unterschiedlichster Nutzer gerecht wird.

Hypothese 4: Bedeutung erhält der Platz auch durch seine Multifunktionalität (Versammlungsort, Kundgebungen, Öffentliche Events, Konzerte). Der Platz wird vielseitigen Interessen gerecht.

5.1.3 Bewertung des Augustusplatzes

Neben seiner Bedeutung interessiert auch die Wertschätzung, die dem Platz entgegengebracht wird und wie diese sich in den Nutzungsstrukturen widerspiegelt. Bedingen sich Nutzungsintensität und Wertschätzung gegenseitig? Bewerten Personen, die den Platz häufiger besuchen (Leipziger), den Platz besser als Personen, die den Platz selten besuchen (Touristen)?

Forschungsfrage 2: Wie wird der Augustusplatz hinsichtlich seiner Attraktivität bewertet?

Hypothese 5: Mit steigender Nutzungsintensität des Platzes für alltägliche Wege sinkt die Wertschätzung des Platzes.

Hypothese 6: Der Platz genügt den Ansprüchen seiner Nutzer. Es besteht kein Änderungsbedarf.

Forschungsfrage 3: Wie kann der Charakter des Augustusplatzes umschrieben werden?

Forschungsfrage 4: Was für eine Einstellung ist bei Nutzern und Besuchern gegenüber dem Augustusplatz feststellbar?

5.1.4 Die Atmosphäre des Augustusplatzes

Die atmosphärische Wirkung des Platzes ist nicht nur, aber auch, auf die materiellen Gegebenheiten des Platzes zurückzuführen. Die Frage ist, welche Stimmung löst der Platz in seinen Besuchern und Nutzern aus? Wodurch wird diese ausgelöst? Welche Vorstellungen weckt der Platz, welche Handlungsintentionen ruft er hervor?

Forschungsfrage 5: Wie ist die atmosphärische Wirkung des Augustusplatzes.

5.2 Methodik und Vorgehensweise

Aufgrund der Vielschichtigkeit der Thematik wurde zur Bearbeitung der Forschungsfragen und Hypothesen ein Methodenmix gewählt aus qualitativen und quantitativen Methoden, um ein möglichst vollständiges und präzises Gesamtbild des Platzes abzubilden. Die Vielschichtigkeit des Themas rechtfertigt dieses Vorgehen, da nur quantitative oder nur qualitative Methoden allein nicht repräsentativ wären.

Eine teilstandardisierte Beobachtung dient der Exploration der Nutzungsmuster und -strukturen auf dem Platz. Weitere, nicht direkt beobachtbare Nutzungsstrukturen sowie die Bewertung, Beurteilung und Bedeutung des Platzes wurden mittels eines Fragebogens erfasst. Der Atmosphäre musste aufgrund ihrer Vielschichtigkeit und Komplexität ein speziell dafür angelegtes qualitatives Forschungsinstrument gewidmet werden, wobei für die Auswertung auf qualitative Methoden der Inhaltsanalyse zurückgegriffen wurde. Die Untersuchungsmethoden ebenso wie die Ergebnisse werden jeweils gesondert dargestellt.

5.2.1 Beobachtung

Die Beobachtung diente der Aufnahme der Hauptnutzungsbereiche und Hauptbewegungsströme auf dem Platz sowie der Nutzungsintensitäten. Sie erfolgte in nicht-teilnehmender, systematischer Form. Dabei wurde zu unterschiedlichen Zeiten die Situation auf dem Platz photographisch bzw. per Videoaufnahme dokumentiert. Eine Dokumentationsphase belief sich je auf 20 Minuten, während denen alle 1,5 Minuten eine fotographische Aufnahme erfolgte. Die Fotodokumentation erfolgte vom Dach des MDR-Hochhauses. Die Aufnahmen wurden mittels Bildbearbeitungsprogramm verarbeitet. Die auf den Fotos und Filmen erkennbaren Personen wurden in geeignete Signaturen (gelbe Punkte) transformiert. Bewegungsrichtungen sind als farbige Pfeile erfasst worden. Das Ergebnis sind digitale thematische Karten, die die Verteilungs- und Nutzungsbereiche des Augustusplatzes darstellen.

5.2.2 Schriftliche Befragung

Die schriftliche Befragung erfolgte mittels eines standardisierten, 5-seitigen Fragebogens. Die schriftliche Befragung im Feld wurde in der Zeit vom 15.08.2008 bis 03.09.2008 durchgeführt. Es sind rund 300 Personen zu unterschiedlichen Zeiten auf ihre Bereitschaft zur Teilnahme an der Befragung angesprochen worden. 195 Personen erklärten sich bereit, einen Fragebogen auszufüllen, 184 Personen füllten einen verwertbaren Fragebogen aus, was einer Rücklaufquote von 94,36% entspricht (ca. 61,4% bei 300 angesprochen Personen). Hinsichtlich der Bereitschaft zum Ausfüllen des Fragebogens wurde festgestellt, dass die Antwortbereitschaft mit zunehmendem Alter abnahm. Insgesamt war die Bereitschaft bei jüngeren Probanden wesentlich höher als bei älteren Probanden. Dadurch ergab sich im Endeffekt eine sehr inhomogene Stichprobenverteilung. Gründe der Ablehnung, die von den Befragten vorgebracht wurden, waren zum Beispiel Zeitnot, mangelnde Fähigkeiten (Lesebrille nicht dabei), Desinteresse. Für die Befragung konnte auf kein bestehendes Erhebungsinstrument zurückgegriffen werden, so dass die völlige Neukonstruktion eines Fragebogens erforderlich war. Der Fragebogen gliedert sich in drei inhaltliche Themenbereiche mit jeweiligen spezifischen Fragen und Skalen. Teil A behandelt den „Leipziger Augustusplatz in Alltag und Freizeit" (Nutzung), Teil B die „Gestalt des Augustusplatzes" und Teil C die „Bedeutung des Augustusplatzes". Darüber hinaus wurden soziodemographische sowie tätigkeitsbezogene Informationen erfragt.

Im *Teil A* des Fragebogens wurde eine nach Wohnort differenzierte Nutzungsstruktur in Form geschlossener Fragen exploriert hinsichtlich Aufenthaltsdauer und Aufenthaltszeiträumen auf dem Platz: wo die Probanden wohnen, wie häufig sie sich auf dem Augustusplatz aufhalten, ob sie diesen eher queren oder verweilen. Außerdem wurden die Teilnehmer gebeten, Angaben zum Zweck ihres Aufenthaltes auf dem Platz und der jeweiligen Häufigkeit zu machen. Dazu wurde ein geschlossenes Fragemuster mit mehrstufigen Antwortkategorienverwendet. Zudem wurde die Verkehrsmittelnutzung auf dem Platz abgefragt.

In *Teil B* erfolgte die Bewertung des Platzes in Form einfacher geschlossener Fragen mit vorgegebenen Antwortmöglichkeiten oder mittels Skalen. Zwei einfache Fragen bezogen sich auf die beiden kritischen Aspekte der Begrünung und der Gestaltung der Tiefgarageneingänge, wobei für Zweiteres ein Änderungsvorschlag angeboten wurde, welcher abgelehnt oder angenommen werden konnte. Die Attraktivität des Augustusplatzes wurde mit einer fünfstufigen numerischen Skala gemessen, deren extreme Kategorien 1 und 5 verbal umschrieben sind mit den Endpunkten ‚unattraktiv' und ‚attraktiv'. Die Teilnehmer wurden gebeten, die Komponenten des Augustusplatzes einzeln zu bewerten und anschließend eine Gesamteinschätzung des Platzes vorzunehmen. Zusätzlich wurde in einem Mehrfachantwortenset nochmals explizit gefragt, welche Objekte nach Meinung der Probanden eliminiert werden sollten. Zudem wurde eine Gesamtbewertung in Form eines Polaritätsprofils erhoben. Dies ist eine einfache Methode zur Erhebung und Darstellung charakteristischer Merkmalsmuster von Objekten (DIEKMANN 1998: 235). Es handelt sich um eine fünfstufige bipolare Skala mit je zwei gegensätzlichen Begriffen (Adjektiven) an den Endpunkten und den Antwortkategorien „trifft völlig zu", trifft eher zu" und „teils, teils" in beide Richtungen. Das Profil besteht aus insgesamt zehn Gegensatzpaaren, wobei positive und negative Items zum Teil invertiert wurden, um stereotypes Antwortverhalten zu vermeiden.

In *Teil C* wurde, um die Einstellung der Befragten zum Augustusplatz und dessen Image zu messen, das Skalierungsverfahren nach Likert verwendet. Dabei wird den Probanden je ein Summenscorewert auf einer Einstellungsdimension zugewiesen (DIEKMANN 1998: 235). Dieser Summenscore dient als (vorläufiges) Maß der Imagebewertung (DIEKMANN 1998:212). Die Likertskala umfasst 10 Items zur Messung der Einstellung gegenüber dem Augustusplatz.[4] Die Skala ist fünfstufig, für die Items stehen die vorgegeben Antwortmöglichkeiten „Trifft völlig zu", „trifft zu", „teils, teils", „trifft nicht zu", „trifft gar nicht zu" und „Kann ich nicht beurteilen" (wobei letzteres als fehlender Wert zu behandeln ist) zur Verfügung. Einige Items wurden invertiert. Zur Erforschung des Informations- und Wissensstandes der Befragten diente ein ‚Wissenstest'. Er enthält Hintergrundfragen vor allem zur Geschichte des Augustusplatzes. Damit

---

[4] In die Skala wurden drei weitere Fragen zur Einstellung gegenüber dem Universitätsneubau integriert. Aufgrund der geringen Aussagekraft der Ergebnisse und der Vielschichtigkeit der Thematik, der im Grunde eine eigenständige Untersuchung gewidmet werden müsste, wurden diese Items nicht in die Auswertung einbezogen.

sollte der Informationsstand der Befragten überprüft werden, um einerseits zu erfahren, inwieweit sich die Probanden für den Platz interessieren und andererseits zu erfahren, ob überhaupt Hintergrundinformationen über den Platz vorliegen. Damit soll ein Zusammenhang hergestellt werden zu Hypothese 3 und die Funktion des Platzes als Erinnerungsort beleuchtet werden. Der Test ist nicht ganz unproblematisch, da er keine offizielle empirische Methode darstellt. Der Test wurde in Multiple-Choice-Struktur angelegt. Die Fehlerquote ist dabei hoch, da die Probanden raten, wenn sie die Frage nicht wissen. Verfälscht wird das Ergebnis insofern, als dass geratene Antworten zufällig richtig sein können und dadurch ein unkorrektes Abbild des tatsächlichen Wissens- und Informationsstandes geliefert wird. Auf die Kategorie „weiß nicht" wurde aber verzichtet, da dies die Multiple-Choice-Struktur obsolet macht. Die Ergebnisse wurden für einen ungefähren Eindruck hinzugezogen.

In *Teil D* wurden soziodemographische und tätigkeitsbezogene Merkmale der Untersuchungsteilnehmer erhoben.

Für die Auswertung der Befragungsergebnisse wurde das Statistikprogramm SPSS der Version 11.5 für Windows verwendet. Die Fragebögen wurden nummeriert und anschließend in einer SPSS-Datenmaske codiert. Um Zusammenhänge zu ermitteln, mussten Variablen zuvor umcodiert werden. Nach der Datenaufbereitung und Fehlerkorrektur wurden die Fragebögen mittels deskriptiver statistischer Verfahren ausgewertet.

5.2.3 Die Untersuchung der Atmosphäre des Augustusplatzes

Die Untersuchungsmethode wurde in Anlehnung an eine empirische Pilotstudie von Jürgen Hasse aufgebaut. Hasse geht davon aus, dass Menschen dazu fähig sind, „bestimmende Momente des individuell spürbaren Eindrucks einer erlebten Atmosphäre verbal auszusagen" (HASSE 2002: 76). Zur methodischen Umsetzung dieser Analyse kommen nur qualitative Verfahren in Frage (HASSE 2002: 81). Da „das subjektive Empfinden kein Thema öffentlicher Rede ist, verfügt die Alltagssprache kaum über treffende und präzise Ausdrucksmittel im Sinne terminologisch fixer Signifikanten" (HASSE 2002: 81f.) Aussagen über Atmosphären erfolgen deswegen nur indirekt, marginal, verschlüsselt, assoziativ oder metaphorisch und müssen mittels hermeneutischer Verfahren der

Inhaltsanalyse aufgedeckt werden (HASSE 2002: 81f.). Von Bedeutung sind vor allem:

- Sachverhalte (Arrangement und äußere Gestalt des Platzes)
- Programme (Schlussfolgerungen auf kulturell codierte Symbolik, Sinnzusammenhänge)
- Wünsche hinsichtlich des atmosphärischen Erlebens
- Deutungen von Wahrgenommenem, Projektionen
- Sinnliche Eindrücke
- Leibliche Eindrücke
  (HASSE 2002: 83f.)

Grundlage der Studie sind in Anlehnung an die Methode von Hasse zehn schriftliche Ausfertigungen zur Atmosphäre des Augustusplatzes. Die Probanden wurden gebeten, sich den atmosphärischen Eindruck des Augustusplatzes vor Ort zu vergegenwärtigen und schriftlich festzuhalten. Die Texte wurden anonym freiwillig angefertigt. Einige Aussagen wurden, während der schriftlichen Befragung auf dem Augustusplatz, mündlich abgeliefert, insofern sich Probanden bereit erklärten, ihre Eindrücke wiederzugeben. Diese wurden dann schriftlich (vom Interviewer) festgehalten. Nach der Erhebungsphase wurden die Texte aufbereitet, strukturiert und nach phänomenologischen Methoden ausgewertet. Jeder Text wurde zunächst einzeln analysiert. Anschließend sind die Einzelergebnisse in einen Zusammenhang gebracht worden. Der Ablauf der phänomenologischen Inhaltsanalyse war wie folgt:

1. Gesamtmaterialsichtung
2. Bildung von Bedeutungseinheiten: die einzelnen Aussagen wurden generalisiert und verallgemeinert, zusammengefasst bzw. bedeutungsgleiche Aussagen gestrichen
3. Interpretation der einzelnen Bedeutungseinheiten: Vergleich und Verknüpfung der Bedeutungseinheiten, Synthese zu einer Gesamtinterpretation (nach MAYRING 1996: 86).

6 Ergebnisse der empirischen Untersuchung

Die Darstellung der Ergebnisse erfolgt schrittweise für die jeweiligen Erhebungsinstrumente. Anschließend werden die Ergebnisse integrative zusammengefasst.

6.1 Ergebnisse der Beobachtung

Anhand der Beobachtung ist klar erkennbar, dass die Mehrzahl der Probanden den Platz quert bzw. sich im Bereich der Straßenbahnhaltestellen aufhält und den Platz somit als Transferplatz nutzt. Die Auswertung der Dokumentation ergab fünf sehr klar ablesbare Hauptbewegungsbereiche. Zudem wurde ein Hauptbewegungsstrom diagnostiziert, der sich entlang der Mitteltrasse differenziert sowie mehrere Nebenbewegungsrichtungen und Nebenbewegungströme. Die Hauptbewegungsrichtungen sind in der Karte durch violette Pfeile gekennzeichnet bzw. in den Karten zur Aufenthaltsintensität durch hohe Punktkumulationen. Eine beträchtliche Zahl von Menschen bewegt sich auf dem schmalen Streifen oberhalb bzw. unterhalb der Straßenbahntrasse, um zu den Haltestellen zu gelangen bzw. auf eine der Straßenbahnen zu warten.

Die sekundären, d.h. geringer frequentierten Bewegungsrichtungen sind in der Karte zu den Bewegungslinien gelb eingezeichnet. Dies sind zumeist diagonale Querungen: im südlichen Platzbereich v.a. aus südwestlicher Richtung nach Nordosten oder Nordwesten, bzw. umgekehrt; ein geringerer Anteil aus südöstlicher Richtung. Die Mehrheit der Probanden bewegt sich in den Bereichen nördlich zwischen Trasse bzw. Straße und Brunnen vor der Oper oder südlich zwischen Trasse bzw. Straße und Mendebrunnen von West nach Ost oder von Ost nach West (von Grimmaischer Straße Richtung Grimmaischem Steinweg oder umgekehrt). Weitere Aufenthaltsschwerpunkte zeichnen sich im Bereich der Brunnen (Brunnen vor der Oper und Mendebrunnen ab) sowie in der Nähe der Bänke an den jeweiligen Platzrändern. Dabei fällt auf, dass die Aufenthaltsintensität am westlichen Platzrand wesentlich höher als am östlichen Platzrand ist. Dies könnte seine Ursachen in der Straßenführung haben dergestalt, dass die verkehrsruhigere Westseite bevorzugt wird. Aussagen einiger Probanden bestätigen dies, was jedoch keine zuverlässigen Schlüsse auf

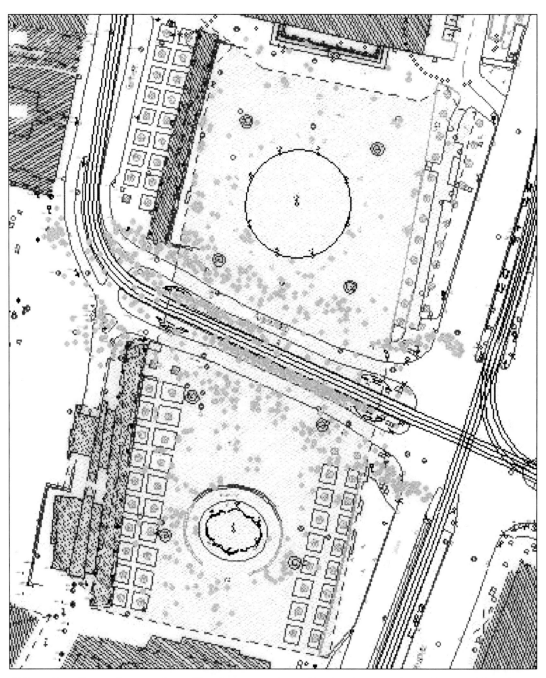

Abb. 5: Darstellung der Ergebnisse der Beobachtung im Kartenbild 1: Aufenthaltsschwerpunkte auf dem Augustusplatz (24.07.2008, 14.35 – 14.55 Uhr)

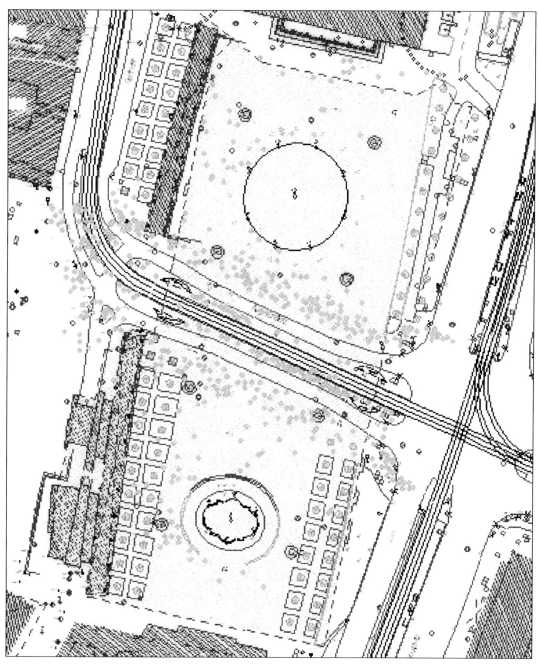

Abb. 6: Darstellung der Ergebnisse der Beobachtung im Kartenbild 2: Aufenthaltsschwerpunkte auf dem Augustusplatz (01.04.2008, 11.20 – 11.40 Uhr)

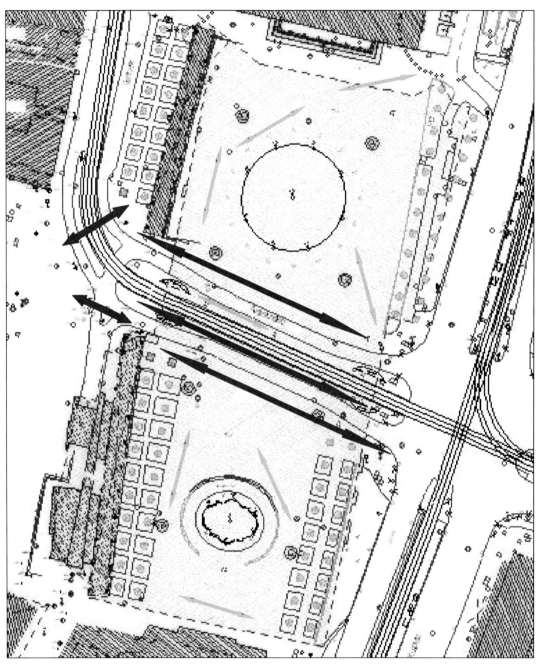

Abb. 7: Darstellung der Ergebnisse der Beobachtung im Kartenbild 3: Hauptbewegungsströme auf dem Augustusplatz (01.04.2008, 11.50 – 12.10 Uhr)

die Grundgesamtheit der Beobachtung zulässt. Nebenbewegungsströme verlaufen von Süden nach Nordosten oder Nordwesten bzw. umgekehrt. Im Bereich der Mitteltrasse vereinen sich diese Ströme mit der Hauptbewegungsrichtung bzw. zweigen die sekundären Bewegungsströme von dieser ab. Nur ein verhältnismäßig geringer Anteil quert den Platz vollständig von Norden nach Süden bzw. umgekehrt. Im nördlichen Bereich des Platzes verhält es sich ähnlich wie im südlichen. Die Querungen erfolgen westlich und östlich entlang des Brunnens entweder in Nord-Süd- bzw. Süd-Nord-Richtung oder diagonal über die Platzhälfte, um sich dann mit der Hauptbewegungsrichtung zu vereinen bzw. zweigen sie von dieser ab. Eine minimale Bewegung führt am südlichen Ende des Platzes von West nach Ost bzw. umgekehrt, im nördlichen Bereich ist diese Tendenz auf ein Minimum reduziert. Die Gründe hierfür sind vermutlich in der Zugangssituation zu finden: im südlichen Bereich geht der Platz nahtlos in die Fußgängerzone Richtung Moritzbastei über. Im nördlichen und südlichen Bereich des Platzes sind die Aufenthaltsintensitäten wesentlich geringer als im Mittelteil.

6.2 Ergebnisse der schriftlichen Befragung

Die empirischen Daten wurden mittels quantitativer-statistischer Methoden in SPSS ausgewertet. Es wurden Häufigkeitsanalysen durchgeführt, Kreuztabellen erstellt und wichtige Ergebnisse im Histogramm graphisch dargestellt. Für den Zusammenhang zweier Variablen wurde zur statistischen Signifikanzprüfung der Chi²-Test angewendet. Als Assoziationsmaß zwischen nominal skalierte Daten wurde der Unsicherheitskoeffizient als PRE-Maß zwischen 0 und 1, der in Prozenten angegeben wird, herangezogen. Für ordinal skalierte Daten wurde Kendall's Tau b (τ) verwendet, der Rangbindungen berücksichtigt und zwischen - 1 und +1 liegen kann (BÜHNER 2006: 399). Die Auswertung erfolgte mittels Kreuztabellen, Darstellung im Diagramm und schriftlich. Zur Analyse hinzugezogen wurden auch Maßzahlen der zentralen Tendenz (Mittelwert $\bar{x}$) und

Mittelwertsvergleiche, Modalwert (häufigster Wert) sowie Maßzahlen der Dispersion (Standardabweichung s_x).

6.2.1 Soziodemographische Faktoren

Soziodemografische Informationen liegen für die Mehrzahl der befragten Personen vor, lediglich 9 Untersuchungsteilnehmer (4,35 %) machten hierzu überhaupt keine Angaben. Die Auswertung soziodemographischen Daten zeigt folgende Charakteristiken der Stichprobe:

Der Anteil männlicher und weiblicher Befragter ist ungefähr gleichverteilt. 176 Personen machten Angaben zu ihrem Geschlecht, 47,7 % davon waren Männer und 52,3 % Frauen. Soziodemografische Informationen des Alters liegen für 172 von 180 befragten Personen vor. Um das Alter der Probanden zu erfassen, wurden die Probanden zu Altersklassen (Kohorten) zusammengefasst. Die Mehrheit der Probanden fällt in die Altersklasse 19 – 29 Jahre. 99 von 171 Personen, die Angaben zu ihrem Alter machten, zählen dazu. Davon sind 32,0 % zwischen 18 und 24 Jahre alt und 25,6 % liegen in der Altersklasse 25 bis 29 Jahre. Alle übrigen Altersklassen sind zu einem wesentlich geringeren Prozentsatz vertreten. Dies liegt vor allem an der oben erwähnten Antwortverweigerung älterer Personen. 13,4 % der Befragten sind zwischen 30 und 39 Jahre alt, 8,1 % sind 40 bis 49 Jahre alt, 4,7 % gehören der Kohorte der über 50 bis 59-jährigen, 2,9 % sind zwischen 60 und 69 Jahre alt, eine Person (0,6 %) ist 74 Jahre alt und 2 Personen (1,2 %) sind 80 Jahre und älter.

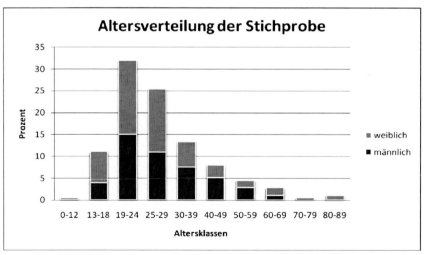

Abb. 8: Altersverteilung der Stichprobe nach Sexus

Die jüngeren Altersklassen sind zu 10,3 % der 13 bis 18- jährigen vertreten. Lediglich eine Person (0,5 %) ist jünger als 13 Jahre alt. Im Zusammenhang zwischen Alter und Geschlecht zeigt sich eine ungefähre Gleichverteilung für beide Geschlechter in den jeweiligen Alterskohorten.

Von 176 Untersuchungsteilnehmern hatten 43 Personen (24,4 %) Kinder, 16,5 % davon hatten Kinder unter 18 Jahre. 75,6 % gaben an, kinderlos zu sein.

Von 173 befragten Personen, die Angaben zu ihrer Beschäftigungssituation machten, waren 23,1 % vollzeitbeschäftigt und 6,9 % waren teilzeitbeschäftigt. 30,0 % der Befragten sind demnach als berufstätig einzuordnen. Insgesamt 46,8 % der Befragten gaben an, sich in einem Studium oder einer Ausbildung zu befinden. Diese Gruppe macht den größten Anteil aller Befragten aus. 9,8 % der Fragebögen wurden von Schülern ausgefüllt, 1,7 % der befragten Personen waren vorübergehend freigestellt (Mutterschaftsurlaub o.a.), 4,0 %) Befragte gaben an, erwerbslos zu sein, und 5,8 % befanden sich in Rente. Weitere drei 1,7 % kreuzten die Kategorie „Sonstiges" an, darunter ein Zivildienstleistender, ein Wehrpflichtiger und ein Freiberufler. Um einer konkreteren Auswertung Rechnung zu tragen, wurden einzelne Kategorien der Variable „Berufstätigkeit" zusammengefasst. Vollzeitbeschäftigte, Teilzeitbeschäftigte, Studenten, Auszubildende und Schüler wurden der Kategorie „reguläre Tätigkeit" zugeordnet. Damit soll ausgedrückt werden, dass diese Probanden einer regelmäßigen, täglichen Tätigkeit nachgehen, was auf 86,7 % der befragten Personen zutrifft. Der Kategorie „ohne reguläre Tätigkeit" wurden Vorübergehend Freigestellte, Erwerbslose und Rentner zugeordnet. Diese machten einen Anteil von 11,6 % aus.

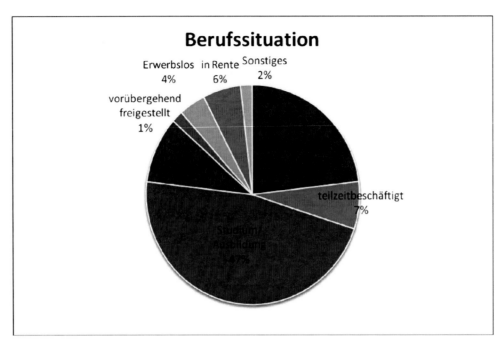

Berufssituation

Erwerbslos 4%
in Rente 6%
Sonstiges 2%
vorübergehend freigestellt 1%
teilzeitbeschäftigt 7%
Studium/Ausbildung 47%

Abb. 9: Stichprobenverteilung nach Berufssituation

Unter den Befragten waren 78,3 %, die ihren festen Wohnsitz in Leipzig haben, 21,7 % gaben an, nicht in Leipzig zu leben. Eine weitere Differenzierung ergab, dass von den 48 Untersuchungsteilnehmern, die nicht aus Leipzig kamen, 16,7 % in Leipzig arbeiteten und somit als Pendler bezeichnet werden sollen. Die übrigen 66,7 % gaben an, nur zu Besuch in Leipzig zu sein und werden in diesem Kontext als ‚Touristen' bezeichnet.

Von insgesamt 167 Untersuchungsteilnehmern leben 2,4 % seit weniger als 1 Jahr in Leipzig, 10,8 % leben seit weniger als 2 Jahren in Leipzig, 24,6 % leben zwischen 2 und 5 Jahren in Leipzig, 15,0 % zwischen 6 und 10 Jahre, 18,0 % leben 11 bis 20 Jahre in Leipzig, 13,8 % seit 20 bis 30 Jahren und 15,6 % leben seit über 30 Jahren in Leipzig. 50 % davon sind zugezogen, die restlichen 50 % sind gebürtige Leipziger. Von den seit 20 bis 30 Jahren in Leipzig lebenden sind nur drei Personen (13,0 %) zugezogen und von den seit über 30 Jahren in Leipzig lebenden sind 30,1 % zugezogen.

6.2.2 Platzfrequentierung / Nutzungsstrukturen

Von Interesse war, wie der Augustusplatz genutzt wird und in was für einer Intensität. Die Verteilung der Ergebnisse bestätigt die der Beobachtung: die Mehrzahl der Probanden nutzt den Platz hauptsächlich als Transferraum, d.h. der größte Teil der Probanden überquert den Augustusplatz eher, als sich dort länger aufzuhalten. Von 170 Untersuchungsteilnehmern (91,9 %) gaben 35 (20,6 %) an, den Platz nur zu queren, 22 (12,9 %) haben ausschließlich längere Aufenthalte auf dem Platz, eine deutliche Mehrheit von 111 (65,3 %) gab an, den Platz ebenso zu queren wie längere Aufenthalte zu haben. Insgesamt 143 Personen (84,1 %) sagten, dass sie den Platz häufiger überqueren, als dass sie sich dort aufhielten und 27 (15,9 %) sagten aus, dass längere Aufenthalte überwiegten. Dieses Ergebnis deutet auf eine überwiegend transitorische Funktion des Augustusplatzes hin.

Hinsichtlich der Platzfrequentierung sollte untersucht werden, welche Personen welches Frequentierungsverhalten zeigen. Nach dem Chi^2-Test besteht ein signifikanter Zusammenhang zwischen der Berufssituation und dem Frequentierungsverhalten ($x^2 = 35,218$; $df = 21$; $p < 0,005$; $N = 159$), der Unsicherheitskoeffizient liegt bei 11,8 %. Lediglich für Vollzeitbeschäftigte überwiegen längere Aufenthalte das Queren. Unter den Vollzeitbeschäftigten gaben 5 Personen (15,6 %) an, den Platz nur zu queren, 7 (21,9 %) auch längere Aufenthalte und 20 (62,5 %) gaben beides an, wovon jedoch 68,8 % den Platz eher queren als dort zu verweilen. Gespräche mit Probanden ergaben, dass eine hohe Zahl der Personen den Platz für Pausen, kontemplative Momente und Mahlzeiten nutzt.

Studenten oder Teilzeitbeschäftigte zeigten ein deutlich höheres Querungsverhalten im Vergleich zu Aufenthalten, wobei Studenten den Platz tendenziell eher queren (92,3 %), als sich dort aufzuhalten. Alle übrigen Befragten, außer Rentner und Sonstige, gaben vorwiegend beide Möglichkeiten an, lediglich RentnerInnen sagten aus, den Platz eher zu queren (57,1 %). Dieses Ergebnis bestätigt die Annahme von Hypothese 1, dass im Durchschnitt Probanden den Platz eher queren, als dort zu verweilen. Offenbar hat der Platz eine stark transitorische Funktion.

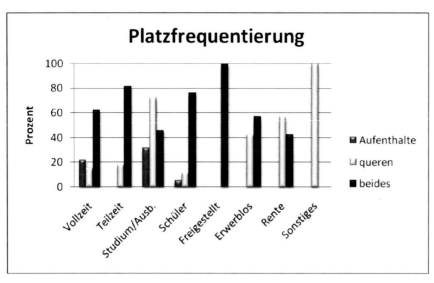

Abb. 10: Frequentierungsverhalten nach Berufssituation

Der Augustusplatz wird vor allem wöchentlich und seltener als wöchentlich besucht. Insgesamt überwiegen die seltenen Nutzungen an Häufigkeit deutlich und die täglichen Nutzungen machen den geringsten Teil aus. Das bedeutet, dass die Mehrzahl der Befragten Gelegenheitsbesucher ist. Die Kurve „wöchentlich" bewegt sich von der Kurve „täglich" in den frühen Morgenstunden hin zur Kurve „selten" im Laufe des Tages und übertrifft diese sogar am späten Nachmittag. Insgesamt betrachtet sind die wöchentlichen Nutzungen aber immer noch geringer als die seltenen Nutzungen. Die Kurve „täglich" zeigt sich insgesamt sehr niedrig, währen die Kurve „wöchentlich" im Tagesverlauf an- und wieder absteigt. Alle drei Kurven zeigen einen mehr oder weniger deutlichen Extrempunkt für 15 bis 18 Uhr. Die Tageszeit zu der sich die meisten Personen auf dem Platz aufhalten liegt demnach zwischen 15 und 18 Uhr. Offensichtlich wird der Augustusplatz ebenso wie andere Verkehrsbereiche von der „Rush-Hour" betroffen. Die Mehrheit der Untersuchungsteilnehmer, die den Platz während der Hauptkernzeit zwischen 15 und 18 Uhr aufsuchen, gehört in die Kategorie der „regulär tätigen" Personen und von den Nutzern nehmen Studenten und in Ausbildung befindliche Personen den größten Prozentsatz ein, der Chi²-Test auf statistische Signifikanz zeigte jedoch eine zu starke Gleichverteilung der Daten (x^2= 13,453; df=21; p > 0,05, N=136; nicht signifikant), der Unsicherheitskoeffizient liegt bei 6,1 %, was zweifellos zurückzuführen ist auf die ungleichmäßige Stichprobenverteilung. Ein Zusammenhang zwischen

Berufssituation und Aufenthaltszeiten sei damit nicht gegeben und die starke Frequentierung des Platzes zwischen 15 – 18 Uhr ist nicht auf die Berufssituation zurückzuführen, regulär tätige Personen zeigen ähnliche Nutzungspräferenzen wie Personen ohne reguläre Tätigkeit. Der Platz wird einfach generell zu diesen Zeiten stark besucht.

Die Stärke der Frequentierung nach Tageszeiten ist unterschiedlich für Personen, die eher täglich, wöchentlich oder selten den Platz besuchen. Wöchentliche Nutzer halten sich vor allem zwischen 15 - 18 Uhr (81,1 % von 150) sowie zwischen 18 - 21 Uhr (27,3 %) auf dem Platz auf, ähnlich häufig auch noch zwischen 12 – 15 Uhr sowie nach 21 Uhr. Für seltene Nutzer liegen die Kernzeiten bei 15 - 18 Uhr (41,3 %), 12 - 15 Uhr (38,0 %) und 9 – 12 Uhr (36,0 %). Sie sind aber häufig auch zwischen 18 und 21 Uhr (32,7 %) oder nach 21 Uhr (32,0 %) auf dem Platz. Hier sind möglicherweise Konzertbesuche oder anderweitige Attraktionen die Ursache.

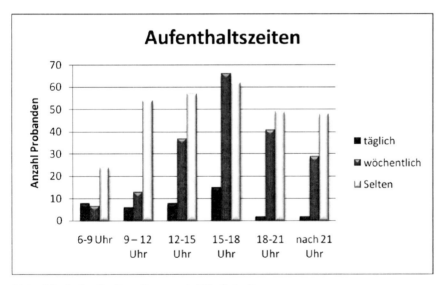

Abb. 11: Aufenthaltszeiten nach Häufigkeiten

Tägliche Nutzungen sind insgesamt seltener und konzentrieren sich auf die Zeiten vor 18 Uhr. Zwischen 6 und 9 Uhr wird der Platz allgemein gering frequentiert (7,8 %), jedoch sind die täglichen Nutzungen im Vergleich zu den übrigen Tageszeiten verhältnismäßig hoch. Der Arbeitsweg oder andere tägliche Wege könnten hier eine Rolle spielen. Der Peak der täglichen Nutzungen liegt ebenso zwischen 15 – 18 Uhr (10,3 %).

Der Platz wird aus unterschiedlichen Gründen unterschiedlich häufig aufgesucht. Die meisten Personen besuchen den Platz, wie schon erwähnt, ein- bis mehrmals die Woche. Ein wesentlich geringerer Prozentsatz befindet sich tagtäglich auf dem Platz. Wöchentliche Nutzungen betreffen v.a. Zugang zur Innenstadt und Straßenbahnnutzung, tägliche Aufenthalte sind auf Arbeitswege, Zugang zur Innenstadt, Straßenbahnnutzungen und Spazierengehen zurückzuführen. Von den Personen, die jede Woche mehrmals auf dem Augustusplatz sind, haben die meisten Zugang zur Innenstadt (31,9 %) und Zugang zur Straßenbahn (15,1 %). Einige sind auch auf dem Platz, um Spazieren zu gehen (11,9 %), Freunde zu treffen (9,7 %) oder auf der Bank oder am Brunnen zu sitzen (9,1 %). Fast ebenso verhält es sich mit Personen, die einmal wöchentlich auf dem Platz sind (die Prozentsätze sind etwas geringer). 1,6 % der Befragten besuchen jedoch auch einmal wöchentlich das Gewandhaus oder die Oper und eine Person (0,5 %) fährt einmal wöchentlich auf dem Platz Skateboard. „Wege des Alltags" (Arbeitsweg, Tiefgaragenzugang) stehen für wöchentliche Nutzungen nicht an erster Stelle. Diese treffen eher für tägliche Nutzer zu. An der Spitze der mehrmaligen täglichen Nutzungen steht Arbeitsweg (5,4 %), Zugang zur Innenstadt (3,8 %) und Straßenbahnzugang (3,8 %). Die häufigsten Nutzungen einmal täglich sind Arbeitsweg (3,8 %), Zugang zur Innenstadt (3,8 %), ausruhen/auf der Bank/am Brunnen sitzen (3,8 %) und Spazierengehen (3,8 %). Ein geringerer Teil gab noch Zugang zur Tiefgarage, Freunde/Bekannte treffen, ins Gewandhaus/die Oper gehen und Skaten an.

Seltenere Nutzungen sind mit völlig anderen Intentionen verbunden. Hier sind es vor allem Events oder musikalische Attraktionen als Aufenthaltsgrund. 47,0 % der Personen, die eigentlich nur selten auf dem Platz sind, gaben als Aufenthaltsgrund Events an und 39,5 % haben das Gewandhaus bzw. die Oper zum Ziel. Jedoch kommen ebenso ausruhen/ auf der Bank/ am Brunnen sitzen (38,9 %), Freunde/Bekannte treffen (34,6 %), Spazierengehen oder Straßenbahnnutzung (je 29,7 %) sowie Zugang zur Innenstadt (22,7 %) in Frage. Seltener nutzen auch jeweils 13,5 % der Befragten den Platz als Arbeitsweg oder zwecks Zugangs zur Tiefgarage, 3,2 % der Befragten fahren gelegentlich Skateboard auf dem Platz. Damit wird der Platz außeralltäglich zwar tatsächlich vor allem zu Events und musikalischen Veranstaltungen in der Oper oder im Gewandhaus aufgesucht, jedoch gehen viele Personen auch auf den Platz, um sich zu entspannen, Freunde oder Bekannte zu treffen oder um spazieren zu gehen. Hypothese 2, die der Annahme folgt, dass der Platz außeralltäglich nur aufgesucht wird, wenn bestimmte Ereignisse (Events, Konzerte etc.) dazu animieren, kann insofern nicht bzw. nur teilweise bestätigt werden. Der Platz wird nicht *nur*, jedoch *vor allem* aus diesen Gründen außeralltäglich (also seltener) aufgesucht.

Im Hinblick auf Forschungsfrage 1, wie der Platz genutzt wird, sollte auch die bevorzugte Verkehrsmittelwahl auf dem Platz erfasst werden. Dabei zeigte sich, dass die Mehrheit der Personen auf dem Augustusplatz zu Fuß geht (74,3 % von 171). Eine hohe Zahl an Personen fährt auch mit der Straßenbahn (52,0 %) oder mit dem Fahrrad (50,9 %). Nur 20,0 % der Befragten nutzen das Auto auf dem Platz. Da die Frage im Fragebogen als Mehrfachantwortenset konstruiert ist, lassen sich die Kategorien bündeln, wobei am Häufigsten die Kombination „zu Fuß gehen – Fahrrad – Straßenbahn" (20,5 %) vorkam, 14,6 % wählen zur Fortbewegung eine Kombination aus zu Fuß gehen und Straßenbahn fahren, 11,7 % gehen nur zu Fuß und 11,1 % fahren nur mit der Straßenbahn. Zusammengefasst machen diese über die Hälfte der Befragten aus (57,9 %). Auch die Kombinationen „zu Fuß – Fahrrad" (9,4 %) und „zu Fuß - Auto" (7,0 %) kamen vor. 10,5 % der Befragten fahren ausschließlich mit dem Fahrrad.

6.2.3 Die Bewertung der äußeren Gestalt des Platzes

Zur Beantwortung von Forschungsfrage 2, wie der Augustusplatz hinsichtlich seiner Attraktivität bewertet wird, sowie zur Hypothesenevaluation, sollte eine Einschätzung der Bewertung der äußerlichen Gestalt des Platzes stattfinden. Zum einen sollte der Platz als Ganzes bewertet werden, zum anderen seine einzelnen Komponenten.

In der Gesamteinschätzung wurde der Platz mäßig bis gut bewertet. Auf einer fünfstufigen Skala von 1 bis 5 liegt die Einschätzung im positiven Bereich bei 3,44: zwischen ‚neutral' und ‚attraktiv'. Es ist eine leichte Tendenz hin zu ‚attraktiv' feststellbar. Von 172 Befragten haben 41,3 % den Platz als attraktiv bewertet, 37,8 % gaben eine neutrale Bewertung ab. Nur 8,1 % der Befragten beurteilten den Platz als ‚sehr attraktiv', 11,6 % fanden den Platz ‚unattraktiv' und nur 2 Personen (1,2 %) bewerteten den Platz als vollkommen unattraktiv.

Insgesamt wurde der Augustusplatz im Ergebnis als mäßig attraktiver Platz bezeichnet.

Die beste Bewertung der Einzelkomponenten erhielt der Mendebrunnen mit einem Mittelwert von 3,24 zwischen „attraktiv" und „sehr attraktiv" (Standardabweichung 0,98). Der häufigste Wert war 5, (sehr attraktiv), den 50,8 % von 183 Befragten vergaben. 31,1 % der Probanden bewerteten ihn mit 4, so dass über 80 % ihm eine positive Bewertung zuteil kommen ließen. Nochmals 23 Personen (12,6 %) lagen bei unentschiedenem „teils, teils". Die zweithöchste Bewertung hinsichtlich der Attraktivität erhielt der Opernbau. Die Bewertung lag mit 2,73 zwischen „teils, teils" und „attraktiv" mit Tendenz zu „attraktiv" (Standardabweichung 1,04). Häufigster Wert war 4 (32,8 %), 28,9 % der Probanden sagten „teils, teils", 27,3 % fanden den Opernbau „sehr attraktiv".

Der Brunnen vor der Oper wurde ähnlich positiv bewertet mit einem Mittel von 3,65 zwischen „teils, teils" und „attraktiv", mit Tendenz zu „attraktiv". Der häufigste Wert war 4 (attraktiv), den 30,0 % von 180 Befragten vergaben. Fast ebenso viele, 29,4 %, fanden den Brunnen vor der Oper „sehr attraktiv".

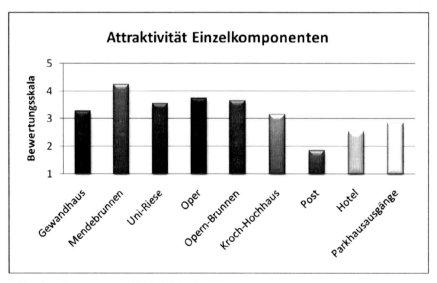

Abb. 12: Bewertung Attraktivität der Einzelkomponenten

Als nächste Komponente auf einer gedachten Attraktivitätsskala folgt das City-Hochhaus (‚Uni-Riese') mit einer mittleren Bewertung von 3,55 zwischen „teils, teils" und „attraktiv". Häufigster Wert war 3 (teils, teils) mit 30,2 % von insgesamt 179 Probanden, zweithäufigster Wert 2 (attraktiv) mit 29,6 %. 24,0 % der

Befragten bewerteten das City-Hochhaus als „sehr attraktiv" und nur 10,1 % als „unattraktiv".

Das Gewandhaus lag mit einer mittleren Bewertung von 3,28 zwischen „teils, teils" und „attraktiv" mit Tendenz zu „teils, teils". 27,3 % von 183 Personen fanden das Gewandhaus „attraktiv" und 25,1 % „unattraktiv". Das Krochhochhaus an der nördlichen Westseite des Platzes erhielt eine mittlere Bewertung seiner Attraktivität von 3,14 zwischen „teils, teils" und „attraktiv" mit starker Tendenz zu „teils, teils". Häufigster Wert war 3, den 30,9 % von 168 vergaben. 27,4 % bewerteten den Platz als „attraktiv" und 20,2 % als „unattraktiv". Für alle weiteren Komponenten liegt die mittlere Bewertung im negativen Bereich. Die Parkhauseingänge erhielten als Mittelwert 2,83 zwischen „unattraktiv" und „teils, teils" mit Tendenz zu „teils, teils". Häufigster Wert war 3 (teils, teils), den 32,8 % von 180 vergaben. 22,8 % der Befragten fanden die Parkhausausgänge unattraktiv. Das ‚Radisson'-Hotel an der Ostseite des Platzes erhielt als mittlere Note den Wert 2,54 zwischen „unattraktiv" und „teils, teils": 29,1 % von 179 Personen vergaben die Note 3 (teils, teils), 25,1 % bewerteten es als „unattraktiv" und 23,5 % als „sehr unattraktiv". Dennoch sagten auch 18,9 %, das Hotel sei „attraktiv". Die schlechteste Bewertung hinsichtlich der Attraktivität wurde dem Hauptpostgebäude zuteil. Im Mittel wurde es mit 1,85 bewertet, was zwischen „sehr unattraktiv" und „unattraktiv" liegt, mit Tendenz zu „unattraktiv". Der häufigste Wert war 1 (sehr unattraktiv), vergeben von 52,0 % von 179 Probanden. 23,5 % fanden das Hauptpostgebäude „unattraktiv" und 15,1 % gaben eine neutrale Bewertung ab. Über 75 % der Befragten schätzten das Gebäude damit als „unattraktiv" ein.

Für die Einschätzung und Bewertung der Attraktivität des Augustusplatzes spielen zahlreiche Faktoren eine Rolle, die dessen Bewertung beeinflussen. Beispielsweise wäre es möglich, dass mit häufiger Nutzung eine Attraktivitätsminderung für die Betrachter infolge eines Gewöhnungseffektes entsteht. Die Ergebnisse zeigen, dass wöchentliche Nutzer den Platz insgesamt als attraktiver einschätzen als tägliche, aber ebenso als seltene Nutzer, jedoch besteht für die Daten keinerlei statistischer Zusammenhang (p > 0,05, nicht signifikant). Auffällig ist, dass differenziert nach Tageszeiten bei einem Mittelwertsvergleich die ‚Milchtöpfe' (Parkhausausgänge) eine deutlich bessere Bewertung von Personen erfahren, die vor allem nach 18 Uhr und nach 21 Uhr auf dem Platz sind. Gründe hierfür könnten möglicherweise die nächtliche Beleuchtung sein, welche sie auf tägliche Besucher attraktiver erscheinen lässt. Signifikanz nach dem x^2-Test ist dabei jedoch nicht feststellbar, der Unsicherheitskoeffizient liegt bei 4,8 % (18 – 21 Uhr) bzw. 5,7 % (nach 21 Uhr). Hinsichtlich der Bewertung der Attraktivität und dem Wohnort konnte ein Zusammenhang nur für das ‚Radisson'-Hotel festgestellt werden (x^2 = 22,263; df = 8; p < 0,005; N = 178). Das Hotel wurde von Touristen als stärker „unattraktiv" bewertet (40,0 %) als von Leipzigern (22,1 %), sowie als stärker „sehr unattraktiv" (26,7 % Touristen und 23,6 % Leipziger). Für alle übrigen Komponenten konnte kein signifikanter Zusammenhang nach dem x^2-Test festgestellt werden (p > 0,05). Das höchste gemessene Assoziationsmaß ergab einen Unsicherheitskoeffizienten von 7,3 % für die Bewertung des Brunnens vor der Oper und dem Wohnort. Touristen haben ihn im Mittel mit 3,81 besser bewertet als Leipziger mit 3,60. Aufgrund des niedrigen Zusammenhangsmaßes kann dies jedoch nicht auf die Tatsache zurückgeführt werden, dass Touristen den Brunnen seltener sehen als Leipziger und sich daher für Leipziger ein Gewöhnungseffekt eingestellt habe. Hypothese 5, dass mit steigender Nutzungsintensität eine Minderung der Bewertung entsteht, kann damit nicht bestätigt werden und muss vorerst noch offen bleiben. Hinsichtlich der Wohndauer zeigen sich in einem Mittelwertsvergleich bestimmte Unterschiede in der Bewertung des Platzes, wobei jedoch keine durchgängige Präferenz festzustellen ist, sondern sich die Unterschiede auf die jeweiligen Komponenten beziehen. Erst kürzlich zugezogene Personen (weniger als 1 Jahr) beurteilten zum Beispiel das Gewandhaus, das Kroch-Hochhaus, das Hotel und die Parkhausausgänge als stark unattraktiv. Der Mendebrunnen hingegen erhielt von diesen die beste Bewertung. Sehr langjährige Anwohner (über 30 Jahre) vergaben eine durchschnittlich sehr positive Beurteilung im Vergleich zu allen Anderen. Das City-Hochhaus wurde am besten von Personen bewertet, die weniger als 2 Jahre in Leipzig leben, ebenso die Parkhausausgänge. Der Brunnen vor der Oper wurde am schlechtesten bewertet von Personen, die schon 20 bis 30 Jahre in Leipzig leben.

Weiterhin sollte geklärt werden, welche Komponenten des Augustusplatzes als unpassend empfunden werden. Dabei entstand eine andere Rangfolge als über die Einschätzung der Attraktivität. Bewertungsgleichheit liegt nur für das

Hauptpostgebäude vor: es erhielt die geringste Bewertung hinsichtlich der Attraktivität und wurde als am stärksten unpassend empfunden (von 61,1 % von 182 Personen).

Tabelle 1: Rangfolge der Komponenten nach Attraktivität

Attraktivität	Rang
Gewandhaus	1
Oper	2
Opernbrunnen	3
MDR-Hochhaus	4
Gewandhaus	5
Kroch-Hochhaus	6
Parkhausausgänge	7
‚Radisson'-Hotel	8
Post	9

Tabelle 2: Rangfolge der Komponenten nach ‚passend'

Rang	Frage nach Eliminierung
1	Mendebrunnen
1	Oper
2	MDR-Hochhaus
3	Gewandhaus
4	Opernbrunnen
5	Universitätsneubau
6	Kroch-Hochhaus
7	MDR-Würfel
8	Pergola
9	‚Radisson'-Hotel
10	Parkhauseingänge
11	Post

Auf dem zweitletzten Platz rangieren die Parkhauseingänge, die 34,6 % als unpassend empfanden. Erst dann folgt das ‚Radisson'-Hotel mit 29,2 %. 18,9 % der Befragten empfanden die Überdachung an der Westseite des Platzes als störend, 16,8 % den MDR-Würfel und 14,6 % das Kroch-Hochhaus. Als weniger störend wurden der Universitätsneubau (11,9 %), der Brunnen vor der Oper (10,3 %) und das Gewandhaus (9,7 %) bewertet. Das City-Hochhaus empfanden nur 14 Personen (7,6 %) als unpassend. Das Gebäude wird insgesamt scheinbar als gut in das Platzgefüge integrierte Komponente empfunden. Die besten Bewertungen erhielten der Mendebrunnen und die Oper (je 3,2 %), die beide offenbar als sehr passend auf dem Platz angesehen werden.

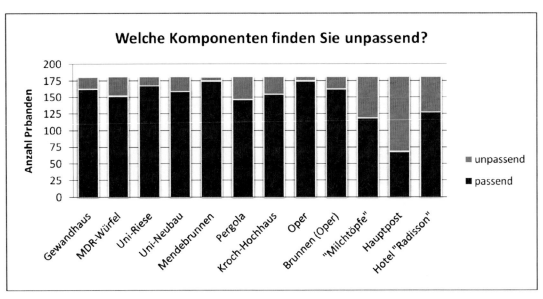

Abb. 13: Bewertung Einzelkomponenten hinsichtlich ‚unpassend'

Eine genauere Analyse nach Wohnort erbrachte, dass lediglich für das Gewandhaus hierzu ein Zusammenhang feststellbar ist (x^2 = 6,511; df = 2; p < 0,005; N = 182). Das Gewandhaus wurde durchschnittlich von Touristen als stärker unpassend empfunden als von Einwohnern Leipzigs. 7,0 % der Leipziger, 21,9 % der Touristen und 12,5 % der Pendler gaben an, das Gewandhaus als unpassend zu empfinden. Es wäre denkbar, von einem positiven Gewöhnungseffekt zu sprechen. Der Gewandhausbau in seiner ungewöhnlichen Form wirkt möglicherweise auf Fremde sehr abstrakt und ein wenig abstrus. Bewohner der Stadt hingegen haben sich schon an den ungewöhnlichen, modernen Baustil gewöhnt, andererseits ist eventuell durch gelegentliche Besuche des Konzerthauses und damit verbundene positive Erlebnisse die Wertschätzung gestiegen, was sich in der Bewertung der Attraktivität widerspiegelt. Zudem verändert sich die Wirkung des Baus mit der Dämmerung durch die feierliche Illumination. Möglicherweise haben Touristen den Bau nur bei Tageslicht gesehen. Genauere Rückschlüsse auf die Ursachen sind nicht möglich. Für alle übrigen Komponenten konnte kein Zusammenhang festgestellt werden, der Unsicherheitskoeffizient ist schwindend gering und liegt zum Teil unter 1 %, so dass auf Rückschlüsse verzichtet werden soll.

Die Untersuchungsteilnehmer wurden noch gebeten, sich zu der Frage zu äußern, ob sie dafür wären, die Parkhausausgänge statt mit opakem Milchglas mit durchsichtigem Glas zu versehen. Von 146 Probanden entschieden sich 61,6 % für die opake Milchglasverkleidung und nur 38,4 % für die durchsichtige Glasvariante, 23,3 % antworteten mit „weiß nicht", was insgesamt auf eine Akzeptanz des momentanen Designs der Parkhausausgänge hinweist. Von 116 Probanden (63,0 %), die etwas am Augustusplatz verändern würden, nannten 17,2 % die Parkhausausgänge. Eingerechnet, dass einige Probanden sich nur bei einer der beiden Fragen gegen die Parkhausausgänge ausgesprochen haben, sind insgesamt 69 Personen (37,3 %) der Meinung, dass die Parkhausausgänge das Gesamtbild des Augustusplatzes negativ beeinflussen. Damit ist keine generelle Ablehnung des Designs der Parkhausausgänge gegeben. Eine weniger günstige Bewertung erhielt im Vergleich dazu die Begrünung des Augustusplatzes. Von 182 Probanden waren 82,4 % der Meinung, dass die Begrünung durchaus stärker sein könnte. Nur 15,9 % sagten „gut so" und lediglich 1 Person (0,5 %) forderte weniger Begrünung.

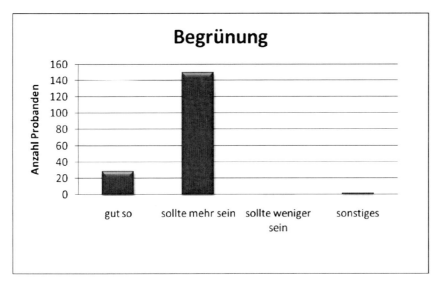

Abb. 14: Bewertung Begrünung

Auch zur Frage nach etwaigen Änderungsvorschlägen äußerten 68,1 % von 116 (63 %), die etwas an dem Platz ändern würden, den Wunsch nach mehr Begrünung. Unter Beachtung der Personen, die sich nur in einer der beiden Fragen zur Begrünung äußerten, sind insgesamt 154 Untersuchungsteilnehmer (83,2 %) der Meinung, der Platz sollte besser oder/und mehr begrünt werden.

Signifikante Unterschiede hinsichtlich Bewohnern und Besuchern oder Pendlern waren dabei nicht festzustellen (p > 0,05; nicht signifikant).

Zur Wertschätzung des Platzes sollte auch die Frage hinzugezogen werden, ob die Befragten dafür wären, den Augustusplatz wieder umzutaufen, wie es eine Zeitlang im Gespräch war, zum Beispiel in „Platz der friedlichen Revolution". Von 184 Probanden waren 140 (76,1 %) dagegen, den Augustusplatz umzutaufen. Lediglich 13 (7,1 %) kreuzten „eher ja" an und 31 (16,8 %) blieben bei einem unentschlossenen „weiß nicht". Das bedeutet, die Befragten waren hinlänglich zufrieden mit der aktuellen Namensgebung des Platzes.

6.2.4 Charakteristische Eigenschaften des Augustusplatzes

In die Bewertung des Augustusplatzes sollten neben ästhetische Eigenschaften noch weitere Kriterien mit einfließen (siehe Forschungsfrage 3: Über welche charakteristischen Eigenschaften verfügt der Augustusplatz?). Mittels Polaritätsprofil (Semantisches Differential) ist es möglich, eine Reihe charakteristischer Merkmale festzulegen, anhand derer ein Objekt beschrieben werden kann. Das Objekt (der Augustusplatz) sollte mittels charakteristischer Kombinationen von Variablenwerten (Profil) beschrieben werden (DIEKMANN 1998: 235), wobei Gegensatzpaare von ausgewählten Adjektiven zur Disposition standen, die auf einer fünfstufigen Skala als zu- oder nicht zutreffend bewertet werden sollten. Die Variablenpaare 1, 4, 7, 8 und 9 sind im Fragebogen invertiert und wurden für die Auswertung wieder umgekehrt.

In der Gesamtbewertung des Augustusplatzes über ihn bestimmende Eigenschaften im Polaritätsprofil lässt sich feststellen: der Platz wird als eher geschäftig, modern, grau, aber auch als sauber und weiträumig, einladend, schön, fröhlich und interessant eingeschätzt.

Am stärksten streuen die Werte für die Attributpaare beengend – weiträumig (s_x = 1,1) geschäftig – ruhig (s_x = 1,0) sowie langweilig – interessant (s_x = 1,0), das heißt, dass hinsichtlich dieser Attribute ein sehr inhomogenes, zum Teil stark divergierendes Antwortverhalten vorliegt, die Meinungen also stark voneinander abweichen. Die geringsten Streuungen liegen für hässlich – schön (s_x = 0,8), deprimierend – fröhlich (s_x = 0,8), künstlich – natürlich (s_x = 0,8) und unmodern –

modern (s_x = 0,8) vor. Hier scheinen unter den Probanden die Meinungen geringer voneinander abzuweichen.

Tabelle 3: Statistische Werte des Polaritätsprofils

Gegensatzpaare	Arithmetisches Mittel $\bar{x}$	Standard-abweichung (s_x)	Modus	N
Abweisend - Einladend	3,6	0,9	3	173
Schmutzig - Sauber	3,92	0,9	4	171
Hässlich - Schön	3,57	0,8	3	166
Beengend - Weiträumig	3,94	1,1	4	171
Geschäftig - Ruhig	2,59	1,0	2	169
Deprimierend - Fröhlich	3,52	0,8	4	171
Künstlich - Natürlich	2,25	0,8	2	169
Unmodern - Modern	3,39	0,8	4	172
Grau - Bunt	2,36	0,9	2	171
Langweilig - Interessant	3,31	1,0	3	172

Das Polaritätsprofil zeigt klare Präferenzen im Bereich 3 und 4, wobei 3 im neutralen Bereich liegt. Insgesamt wird dem Augustusplatz dadurch eine eher positive Bewertung zuteil. Die Werte streuen je nach Mittelwert zwischen 3 bzw. 2 und 5 bzw. 4. Der Platz wird scheinbar als sehr sauber empfunden sowie als sehr weiträumig. Beide Begriffe stechen deutlich hervor. 38,0 % der Befragten von 171 beurteilten weiträumig als „völlig zutreffend", 35,7 % als „eher zutreffend". 50,9 5 von 171 Befragten fanden sauber als „eher zutreffend" und 24,6 % als „sehr zutreffend". Außerdem wurde der Platz als einladend und auch als schön bewertet. 37,6 % von 173 fanden einladend als „zutreffend", die Tendenz geht zu „teils, teils" mit 32,9 %. Eine ähnliche Verteilung liegt für schön vor, 42,2 % von 166 Probanden kreuzten dies als „zutreffend" an, die Tendenz geht mit 39,2 % zu „teils, teils".

Weitere ihm zugestandene Eigenschaften sind fröhlich und interessant, 43,9 % von 171 sagten „teils, teils", Tendenz zu fröhlich und 40,1 % bewerteten das Eigenschaftspaar langweilig-interessant neutral mit Tendenz zu interessant.

Einige Unschlüssigkeit, was im Profil durch eine Verzerrung nach links zum Ausdruck kommt, besteht hinsichtlich geschäftig – ruhig (40,2 % von 169 gaben „teils, teils" an, Tendenz zu geschäftig), künstlich – natürlich (38,4 % gaben eher künstlich an, Tendenz zu „teils, teils") unmodern – modern (43,6 % gaben „teils, teils" an, Tendenz zu modern) sowie grau – bunt, hier ist die mittlere Bewertung eher bei „teils, teils" angesiedelt. 49,1 % von 171 schätzen den Platz als eher grau ein und 42,0 % von 169 als eher künstlich.

	1	2	3	4	5	
Abweisend						Einladend
Schmutzig						Sauber
Hässlich						Schön
Beengend						Weiträumig
Geschäftig						Ruhig
Deprimierend						Fröhlich
Künstlich						Natürlich
Unmodern						Modern
Grau						Bunt
Langweilig						Interessant

Abb. 15: Polaritätsprofil mit Standardabweichungen

Bei einem Abgleich mit der Bewertung der Attraktivität des Platzes, sollte erfasst werden, inwieweit sich die Profilverläufe ähneln oder voneinander abweichen für Personen, die den Platz als unterschiedlich attraktiv bewertet haben. Dazu wurde als Ähnlichkeitsmaß die semantische Distanz (Euklidische Distanz d) ermittelt, die Aussagen über die Ähnlichkeit zweier oder mehrerer Profilverläufe zulässt. Je kleiner das Distanzmaß, umso ähnlicher sind sich zwei Profile. Es zeigte sich, dass starke Ähnlichkeiten zwischen den Profilen „teils, teils"-„attraktiv" (d = 1,36), „teils, teils"-„unattraktiv" (d = 1,51) sowie „attraktiv"-„sehr attraktiv" (d = 1,81) bestehen, also jeweils nebeneinanderliegende Antwortkategorien. Am höchsten sind die Unterschiede zwischen Profilen von Personen, die „ sehr unattraktiv" und von Personen die „sehr attraktiv" angaben (d = 3,13), sowie „unattraktiv" und „sehr attraktiv" (d = 2,83).

Personen, die den Platz insgesamt als „sehr unattraktiv" einschätzten, befanden ihn dennoch als einladender, sauberer und schöner als beispielsweise Probanden, die den Platz mit „teils, teils" oder „unattraktiv" bewerteten und sogar als einladender als „attraktiv"-Bewerter. Diese befanden den Platz ruhiger als zum Beispiel Personen, die ihn mit „sehr attraktiv" bewerteten. Als Ursachen für die Bewertung „sehr unattraktiv" könnten „künstlich" und „unmodern" bestimmt werden. Dies trifft auch für die Bewertung „unattraktiv" zu, hier wurden noch die Merkmale „abweisend" und „hässlich" genannt, sowie „deprimierend". Die Attraktivität nicht zu beeinträchtigen scheint die Sauberkeit und die Weiträumigkeit des Platzes. Personen, die den Platz als „sehr unattraktiv" einschätzen, tendieren am stärksten zum Merkmal „ruhig". Für die positiven Bewertungen stechen hervor: Personen, die den Platz als sehr attraktiv bewerteten, fanden ihn stark einladend und schön, sauber, fröhlich sowie interessant.

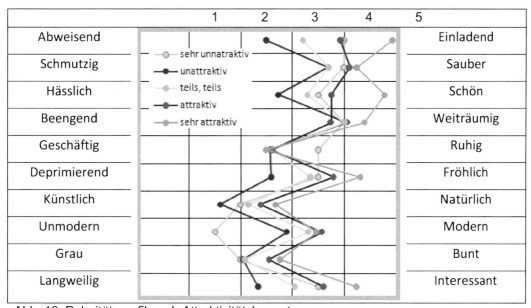

Abb. 16: Polaritätsprofil nach Attraktivitätsbewertung

Das Polaritätsprofil wurde noch auf den Wohnort angewendet. Es sollte erforscht werden, ob deutliche Unterschiede zwischen Anwohnern und Zugereisten bestehen.

Die Profile von Leipzigern und Touristen sind sich dabei nach der semantischen Distanz (euklidische Distanz) am ähnlichsten (d = 0,77) und die von Leipzigern und Pendlern am unähnlichsten (d = 1,14).

Die Kurvenverläufe zwischen Einheimischen und Besuchern ähneln sich insgesamt, Leipziger empfinden den Platz jedoch als künstlicher, deprimierender, grauer und langweiliger. Positivere Bewertungen durch Touristen erzielten die Eigenschaftspaare interessant, modern, natürlich, fröhlich. Positive Bewertungen bei Einheimischen erzielte modern. Leipziger bewerteten den Platz als geschäftiger, künstlicher und grauer als Touristen, welche den Platz wiederum als hässlicher empfanden als die beiden anderen Gruppen und auch als abweisender. Personen, die häufig in Leipzig sind, aber nicht hier wohnen (Pendler) beschrieben den Platz vor allem als weiträumiger und ruhiger, geringfügig als sauberer und fröhlicher als Touristen oder Leipziger.

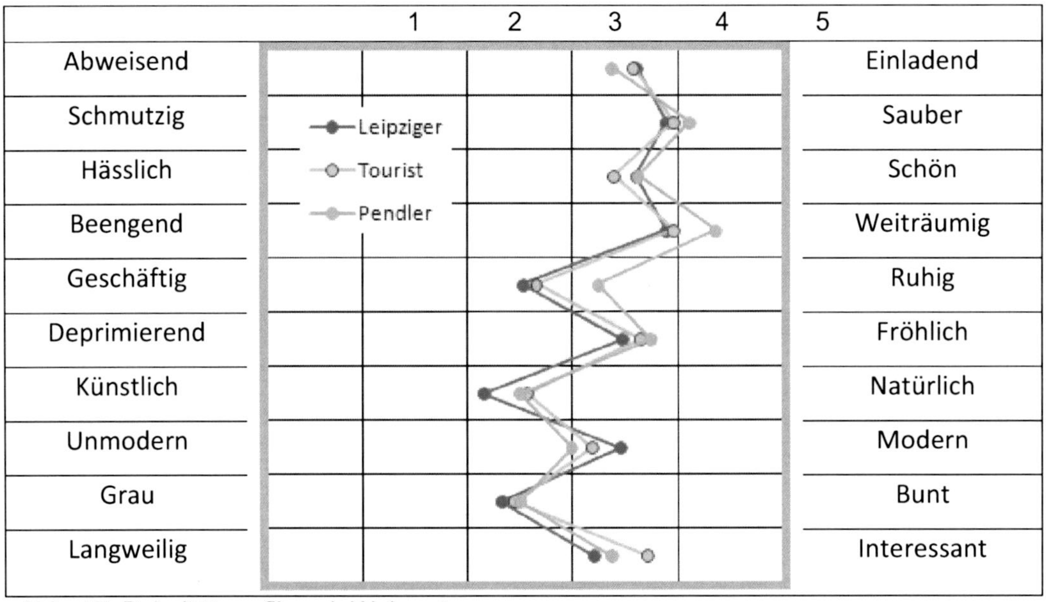

	1	2	3	4	5	
Abweisend						Einladend
Schmutzig						Sauber
Hässlich						Schön
Beengend						Weiträumig
Geschäftig						Ruhig
Deprimierend						Fröhlich
Künstlich						Natürlich
Unmodern						Modern
Grau						Bunt
Langweilig						Interessant

(Legende: Leipziger, Tourist, Pendler)

Abb. 17: Polaritätsprofil nach Wohnort

Die gemessenen Eigenschaften charakterisieren unterschiedliche Dimensionen des Platzes. Diese genauer zu bestimmen war Ziel der anschließenden Faktorenanalyse. Mittels Faktorenanalyse wurde versucht, die einzelnen Variablen auf bestimmte Dimensionen zu reduzieren und zusammenzufassen. Als Extraktionsmethode wurde die Hauptkomponentenanalyse gewählt, als Rotationsmethode Varimax. Im Ergebnis sind dabei drei Komponenten extrahiert worden (Faktoren), wobei Faktor 1 anhand der Faktorenladungen die meisten Variablen zugewiesen wurden, Faktor 3 hingegen nur eine, d.h. die meisten Variablen korrelieren am höchsten mit Faktor 1.

Tabelle: 4: Rotierte Komponentenmatrix

	Komponente		
	1	2	3
einladend_abweisend	,819	,253	,059
schmutzig_sauber	,538	-,103	-,137
hässlich_schön	,778	,109	-,145
weiträumig_beengend	-,010	-,034	,784
geschäftig_ruhig	,053	-,050	-,755
deprimierend_fröhlich	,619	,452	,216
natürlich_künstlich	,254	,446	,254
modern_unmodern	-,084	,790	-,126
bunt_grau	,300	,646	,003
langweilig_interessant	,679	,341	,202

Anmerkung: die Variablenpaare sind invertiert, wie im Fragebogen dargestellt, die Werte beziehen sich jedoch auf die wieder umgekehrten Eigenschaftspaare

Die mit den drei Faktoren gemessenen Eigenschaftsdimensionen zu bestimmen, liegt auf Seiten des Interpreten. Die Betrachtung der einzelnen zugeordneten Eigenschaftspaare zeigt, dass unter Faktor 1 jene aufgelistet sind, die eine (zumindest teilweise) subjektive Betroffenheit verursachen, so deprimierend-fröhlich, langweilig-interessant, einladend-abweisend, hässlich-schön. Vor allem die Attraktivitätskomponente hässlich-schön bedarf einer sehr subjektiven Einschätzung. Schmutzig-sauber steht bei dieser Faktorenbenennung ein wenig außen vor, was sich auch in der weit geringeren Faktorenladung bemerkbar macht, ebenso geschäftig-ruhig. Dieses Eigenschaftspaar korreliert so gut wie gar nicht mit Faktor 1, die Ladung hat einen Wert von 0,053. Insgesamt sind in Faktor 1 eher subjektive, sehr persönliche Einschätzungen versammelt. Zudem handelt es sich um eher kurzfristige Eindrücke, also Eigenschaften des Platzes, die nicht von langer Persistenz sein müssen und sich auch verändern. Im Grunde werden unter Faktor 1 die Atmosphäre betreffende Eindrücke zusammengefasst, einige der Eigenschaften sind nicht direkt wahrnehmbar, sondern vermitteln sich dem Betrachter als auf bestimmte objektive Merkmale zurückzuführender atmosphärischer Eindruck. Faktor 2 zielt auf rein ästhetisch, gestalterische, eher architektonisch bestimmte Eigenschaften ab, sowie eine teilweise objektive, nicht affektive Bewertung. Zudem sind die betreffenden Eigenschaften vor allem optisch wahrnehmbar und von längerer Beständigkeit, also nicht ohne weiteres veränderlich.

Faktor 3 zielt eindeutig auf das Weiteempfinden des Platzes ab, das im Grunde sich auch atmosphärisch vermittelt.

Tabelle 5: Ergebnis Faktorenanalyse

Faktor 1 Atmosphärischer Eindruck	Faktor2 Gestalterischer Eindruck	Faktor 3 Weiteempfinden
Einladend-abweisend Schmutzig-sauber Hässlich-schön (Geschäftig-ruhig) Deprimierend-fröhlich Langweilig-interessant	Natürlich-künstlich Modern-unmodern Grau-bunt	weiträumig-beengend

6.2.5 Einstellung zum Augustusplatz

In Bezug auf die Bedeutung des Augustusplatzes ist auch die Einstellung der Befragten Probanden gegenüber dem Augustusplatz von Interesse (Forschungsfrage 4). Das Skalierungsverfahren nach Likert ist eine gängige Methode der Einstellungsmessung hinsichtlich eines bestimmten Forschungsgegenstands, bei der dem Probanden bestimmte Items in Form von Aussagen vorgestellt werden, denen dieser zustimmen oder die er ablehnen kann. Dafür wurde eine fünfstufige Likertskala mit zehn Items verwendet. Für sämtliche Items wurden alle Antwortkategorien ausgeschöpft (von 1 – „trifft gar nicht zu" bis 5 – „trifft völlig zu"). Außer Item c (s_x = 0,994) weisen sämtliche Items eine starke Streuung von über 1,0 auf. Am stärksten streut Item d (s_x = 1,213). Sämtliche Items weisen eine rechtssteile Verteilung auf. Die Likertskala wurde nach den gängigen Verfahren ausgewertet. Die Reliabilität[5] wurde mit dem Konsistenzkoeffizienten Cronbach's Alpha bestimmt, eine heute übliche Standardmethode zur Schätzung der inneren Konsistenz (BÜHNER 2006: 132). Damit wird der Gesamttest beurteilt, das Maß der Genauigkeit, mit der ein Merkmal durch den Test erfasst wird. Der Wert liegt zwischen 0 und 1. (BÜHL et al. 1998: 489). Der Schwierigkeitsindex ermittelt den Schwierigkeitsgrad jedes einzelnen Items. Er sollte nicht unter 20 (zu schwer) und nicht über 80 (zu leicht) liegen. (BÜHL et al. 1998: 488). Der Trennschärfekoeefizient beurteilt die Anwendbarkeit jedes einzelnen Items, er berechnet die Korrelation zwischen der Aufgabenantwort und dem Gesamt-Skalenwert. Als Kriterium dient noch die Berechnung von Cronbach's Alpha bei Eliminierung des jeweiligen Items, liegt dieser Wert bedeutend höher als der Gesamtreliabilitätskoeffizient, sollte der Item gelöscht werden (BÜHNER 2006: 145).

Tabelle 6: Statistische Item-Daten der Likert-Skala

	N	Mittelwert	Standard-abweichung	Schwierigkeits-index	Trennschärfe	Cronbach's Alpha, wenn Item weggelassen
A gehr gern	172	3,77	1,082	28,79	0,6905	0,7631
B würde Besuchern zeigen	175	4,08	1,096	22,19	0,6695	0,7654
C nur Verkehrsknotenpunkt	168	3,73	,994	28,51	0,4350	0,7927
D wichtige Sehenswürdigkeit	169	3,20	1,213	41,43	0,5610	0,7779
E unwohl Gefühl	162	4,18	1,009	16,43	0,3891	0,7973
F lädt zum Verweilen ein	170	3,52	1,022	34,27	0,6829	0,7649
G Mitteltrasse ungünstig	163	2,99	1,210	43,82	0,1348	0,8261
H wichtiges Kulturerbe	155	3,57	1,093	27,81	0,6431	0,7702
I vielseitigen Interessen gerecht	142	2,39	1,071	33,29	0,3468	0,8020
J Gedenkstätte 89	163	3,45	1,014	13,76	0,3230	0,8062

---

[5] Messgenauigkeit der Skala

Nach dem Schwierigkeitsindex erscheinen Item g und m zu schwierig zu sein (P_j < 20). Keiner der Items weist einen sehr niedrigen Trennschärfekoeffizienten auf. Cronbach´s Alpha weist mit einem Wert von 0,8049 auf eine mittlere Reliabilität (0,80 – 0,90) hin.

Nur durch die Eliminierung von Item j würde geringfügig die Messgenauigkeit der Skala steigen, Cronbach`s Alpha würde sich auf 0,8062 erhöhen. Angesichts der ohnehin geringen Itemzahl scheint es jedoch sinnvoll, sämtliche 10 Items in die Auswertung einzubeziehen. Die Mittelwerte variieren zwischen 2,39 und 4,18, wobei ca. 36 % der fünfstufigen Skala ausgeschöpft werden. Zur Bildung von Summenscores konnten aufgrund der hohen Anzahl fehlender Antworten insgesamt nur 74 Fragebögen in die Auswertung einbezogen werden. Zu beachten ist, dass die Items 3, 5 und 7 invertiert wurden. Die gebildeten Summenscores wurden wieder rückgeführt in ein fünfstufiges Skalenniveau. Der niedrigste Summenscorewert beträgt 10, rückgeführt 1 und der höchste Wert 50, rückgeführt 5. Der häufigste rückgeführte Scorewert war 4, was für eine eher negative Bewertung des Platzes spricht. Insgesamt 43 Personen (57,3 %) erzielten diesen Summenscore. 22 Personen (29,3 %) erreichten einen Scorewert von 3, sieben Personen einen Scorewert von 5 und drei Personen (4,0 %) einen Scorewert von 2. Dies spiegelt eine eher negative Einstellung gegenüber dem Platz wieder.

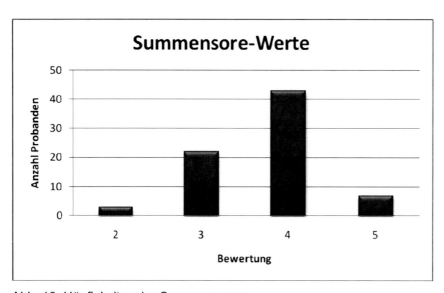

Abb. 18: Häufigkeiten der Summenscores

Die häufigste positive Bewertung („trifft völlig zu" und „trifft zu") erhielt der Item „Der Augustusplatz ist eine wichtige Sehenswürdigkeit" (33,8 %). Hingegen wird der Platz nicht so stark als wichtiges Kulturerbe angesehen. Nur 16,2 % befanden dies als zutreffend. Als „Gedenkstätte der friedlichen Revolution 1989" sehen nur 13,5 % der Probanden den Platz. Nur 9,5 % der Befragten würden „den Augustusplatz Besuchern zeigen" und nur 13,5 % der Befragten „gehen gern auf den Augustusplatz", die Mehrheit von 63,5 % verneinte dies. Dass der Augustusplatz „vielseitigen Interessen gerecht wird", befanden 20,3 %, 50 % der Befragten verneinten dies. Sehr viele Probanden sehen im Augustusplatz auch nur einen „Verkehrsknotenpunkt" (66,2 %). Insgesamt 48,7 % der Befragten empfinden die Mitteltrasse als „den Platz ungünstig in zwei Hälften teilend". Die ungünstigste Bewertung erhielt der Item „Ich fühle mich irgendwie unwohl auf dem Augustusplatz", d.h. die meisten Probanden fühlten sich eher nicht wohl (82,4 %).

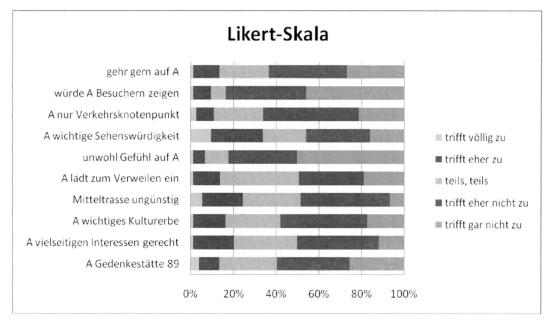

Abb. 19: Antwortverteilung der Items der Likert-Skala
Anmerkung: Item 3, 5 und 7 ist invertiert zu lesen

Da in die Erstellung des Summenscores nicht alle Fragebögen einbezogen wurden, sollen die Ergebnisse für relevante Items noch einmal für sämtliche Fragebögen dargestellt werden. Insgesamt 169 Personen äußerten sich dazu, ob der Augustusplatz ihrer Meinung nach eine wichtige Sehenswürdigkeit ist. Eine

Mehrheit von 30,2 % wertete dies als „trifft eher zu". Ein beträchtlicher Anteil, von 23,1 % der Untersuchungsteilnehmer befand dies jedoch auch als „trifft eher nicht zu" und fast genau so viele, 22,5 % nahmen mit „teils, teils" eine neutrale Position ein. Im Mittelwert liegen die Meinungen bei 3,2 (s_x = 1,21). Insgesamt ist eine schwache Tendenz in Richtung zutreffend festzustellen. Als sehr wichtige Sehenswürdigkeit kann der Augustusplatz damit (nach Einschätzung der Probanden) nicht eingestuft werden, jedoch wird ihm ein bestimmter Grad an Bedeutung zugemessen.

Zur Frage, ob der Augustusplatz ein wichtiges kulturelles Erbe sei, äußerten sich 155 Untersuchungsteilnehmer. Dabei ist ein deutlicher Peak bei „trifft eher zu" (41,6 %) gemessen worden. Der Mittelwert liegt bei 3,75 (s_x = 1,09) Insgesamt liegen über 60 % der Probanden mit ihren Antworten im positiven Bereich („trifft eher zu" und „trifft völlig zu") und halten den Augustusplatz für ein wichtiges Kulturerbe. Weitere 21,9 % entschieden sich für eine neutrale Haltung („teils, teils"), so dass nur 17,5 % der Befragten den Augustusplatz definitiv nicht als kulturelles Erbe ansehen.

Zur Frage, ob der Augustusplatz nach Meinung der Befragten eine wichtige Gedenkstätte der friedlichen Revolution 1989 sei, äußerten sich 122 Personen, 36,9 % kreuzten „trifft eher zu" und 27,9 % "trifft völlig zu" an. 21,3 % blieben neutral. Es zeigt sich ein deutlicher Peak für „trifft eher zu", die statistische Berechnung zeigt eine Standardabweichung von 1,11 vom Mittelwert 3,74. Daran wird ersichtlich, dass der Augustusplatz sehr stark für eine Gedenkstätte der friedlichen Revolution 1989 gehalten und ihm in diesem Zusammenhang Bedeutung zugemessen wird. Insgesamt nur 12,9 % der Befragten befanden den Platz nicht als Gedenkstätte. Die Bestätigung von Hypothese 3, dass der Augustusplatz als Kulturträger und Erinnerungsort angesehen wird, kann damit vorerst erfolgen. Ihm wird eine Funktion als Kulturerbe und als Gedenkstätte des jüngsten wichtigen Umbruchereignisses der Neueren Deutschen Geschichte zugesprochen. Bedeutung als wichtige Sehenswürdigkeit kann unter Vorbehalt eingeräumt werden.

6.2.6 Funktionen des Augustusplatzes

Die Erfassung der Multifunktionalität des Platzes ergab: Der Platz wird vor allem als „Öffentlicher Aufenthaltsraum" angesehen. 72,7 % der Befragten kreuzten dies an zur Frage, in welchem Zusammenhang der Augustusplatz für sie Bedeutung hätte. 61,6 % der befragten Personen maßen dem Augustusplatz Bedeutung für Musikveranstaltungen bei. Jeweils etwa die Hälfte der Untersuchungsteilnehmer (51,4 %) sahen darüber hinaus in dem Platz eine Bedeutung im Zusammenhang mit ‚Public Viewing', wie es während der Fußball-WM 2006 stattfand. 50,3 % der Befragten sehen im Augustusplatz einen Verkehrsknotenpunkt. In Verbindung mit Demonstrationen brachten den Platz 47,6 % der Befragten und als Kulturerbe betrachteten den Platz 4,3 % der Befragten (innerhalb der Likert-Skala fanden dies 94 Personen als zutreffend). Sieben Probanden (3,8 %) kreuzten die Kategorie „Sonstiges" an. Der Mittelwert der Gesamtwerte liegt bei 3,52 für alle Bedeutungen (auf einer Skala von 1 bis 8, mit einer Streuung von 1,54). Die Mehrzahl der Probanden maß dem Platz demnach 2 bis 5 Bedeutungen zu.

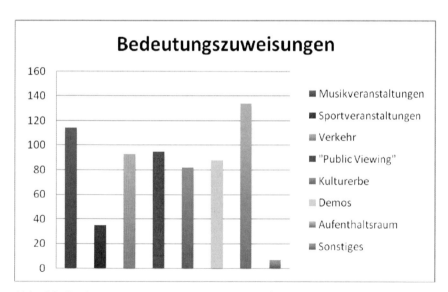

Abb. 20: Bedeutungszuweisungen nach Häufigkeiten

Aus den kumulierten Variablen „Bedeutung Augustusplatz" wurde ein Multifunktionalitätsindex gebildet, dessen Wert die Menge der Bedeutungszuweisungen messen sollte. Die Werte wurden zu vier Klassen zusammengefasst. Im Ergebnis zeigt die Häufigkeitsverteilung des Häufigkeitsindexes, dass 48,1 % der Untersuchungsteilnehmer auf dem Bedeutungsindex 2 liegen, d.h. dem Platz 3 oder 4 Bedeutungen zuweisen. 24,9 % der Probanden befanden 1 bis 2 Bedeutungen als zutreffend, 22,2 % 5 bis 6 Bedeutungen und nur 3,2 % der Probanden 7 oder 8 Bedeutungen. Für nur zwei Personen (1,1 %) hatte der Platz in überhaupt keinem Zusammenhang eine Bedeutung.

163 Untersuchungsteilnehmer äußerten sich zu der Frage, ob der Augustusplatz vielseitigen Interessen gerecht wird. Für 38,0 % trifft dies eher nicht zu. 30,7 % entschieden sich für „teils, teils". Die Werte streuen mit einer Standardabweichung von 1,014 um den Mittelwert 3,45, so dass eine deutliche Tendenz hin zu „trifft eher zu" diagnostiziert werden kann.

Damit wird die Hypothese 4, dass der Platz durch seine Multifunktionalität Bedeutung erhält, zwar bestätigt, da die Mehrzahl der Untersuchungsteilnehmer dem Platz drei bis vier Bedeutungen zuweisen, wobei zum Beispiel öffentliche Events, Musikveranstaltungen oder Demonstrationen genannt werden, der Platz wird scheinbar vielseitigen Interessen gerecht, was sich jedoch in der Einschätzung der Probanden durch das entsprechende Item der Likert-Skala nicht wiederspiegelte.

6.2.7 Hintergrundwissen zum Augustusplatz

In die Auswertung sollte auch der Wissenstand über den Augustusplatz einfließen. Insgesamt wurden 182 Fragebögen in die Auswertung der Wissensfragen einbezogen. Nur bei klarem Nicht-Antwort-Verhalten (keine Frage beantwortet, Rest des Fragebogens ebenso unausgefüllt) wurde der Fragebogen eliminiert. Innerhalb des Wissenstestes, bei dem unterschiedliche Hintergrundfragen zum Augustusplatz gestellt wurden, konnten insgesamt 10 Punkte erreicht werden. Die am häufigsten erzielten Punktzahlen waren 5 bis 8 Punkte: 14,1 % hatte 5 richtige Antworten, 16,8 % erzielten 6 Punkte, 16,2 % hatten 7 richtige Antworten und 13,5 % 8 korrekte Punkte. 3,8 % wussten auf 9 der Fragen eine richtige Antwort und nur eine einzige Person (0,5 %) hatte 10 korrekte Antworten. Damit haben zwar über 60 % der Untersuchungsteilnehmer auf mehr als die Hälfte der Fragen eine korrekte Antwort gewusst, aber alle oder fast alle Fragen konnten nur sehr wenige richtig beantworten.

Tabelle 7: Ergebnisse der Wissensfragen

	Frage	Anzahl richtige Antworten	%
a	Wie hieß der Augustusplatz früher?	132	71,4
b	Wie heißen die Parkhausausgänge im Volksmund?	120	64,9
c	Was stand früher an der Stelle des Neuen Gewandhauses?	32	17,3
d	Was war der Augustusplatz zu DDR-Zeit vor allem?	35	18,9
e	Wann wurde die Paulinerkirche zerstört?	81	43,8
f	Was war Kurt Masur?	127	68,6
g	Wie heißt der Brunnen vor dem Gewandhaus?	112	60,5
h	Was befand sich an der Stelle der heutigen Universität vor dem 2. Weltkrieg?	112	60,5
i	Für welches Jahr hatte der Augustusplatz besondere Bedeutung?	144	77,8
j	Was befand sich früher an der Stelle des Brunnens vor der Oper?	47	25,4

Die häufigsten korrekten Antworten erzielte die Frage „Für welches Jahr hatte der Augustusplatz besondere Bedeutung?", was 77,8 % von 182 Probanden richtig beantworteten. Wie der Augustusplatz früher hieß, wussten 71,4 % und mit dem Namen Kurt Masur konnten 68,6 % etwas anfangen. Auch die Bezeichnung „Milchtöpfe" für die Parkhauseingänge war 64,9 % der Probanden geläufig. Den Namen Mendebrunnen kannten 60,5 % und dass sich an der Stelle des jetzigen Universitätsgebäudes auch früher schon ein solches befand wussten ebenso 60,5 % der Befragten. Geringere korrekte Antwortergebnisse erzielte die Frage nach dem Zerstörungsjahr der Paulinerkirche mit 43,8 % richtigen Antworten, was aber noch immer fast die Hälfte der Untersuchungsteilnehmer darstellt. Das sich an der Stelle des Brunnens in der Nordhälfte des Platzes früher ein Rasenrondell befand wussten oder rieten 25,4 % richtig. Geringer Kenntnisstand herrschte hinsichtlich der Frage nach der Funktion des Augustusplatzes zu DDR-Zeiten, was nur 18,9 % richtig beantworteten und hinsichtlich des Bauwerkes an der Stelle des heutigen Gewandhauses (17,3 % korrekte Antworten).

Der Kenntnisstand zur Geschichte des Platzes, vor allem der früheren Geschichte ist damit eher ungleichmäßig. Fragen, die Themen behandeln, die auch in den Medien vorkommen (z.B. Kurt Masur als Gewandhausdirektor, die

Universitätsbauten oder die Montagsdemonstrationen im Herbst 1989), sind den Nutzern des Platzes geläufiger, als detailliertes Hintergrundwissen wie die frühere Platzgestaltung mit zwei Rasenrondellen. Das noch nicht allzu lang zurückliegende Schicksal des Platzes, für einige Dekaden als Parkplatz umfunktioniert gewesen zu sein, scheint hingegen im Bewusstsein der meisten Nutzer entweder gelöscht oder nie vorhanden gewesen zu sein.

6.2.8 Zufriedenheit mit dem Platz

Zur Evaluation von Hypothese 6, dass der Platz den Ansprüchen seiner Nutzer gerecht wird, sollte ermittelt werden, wie zufrieden die Probanden mit dem Augustusplatz sind und welche Änderungswünsche bestehen. Von 168 Personen der 184 Befragten sind 52 (31,0 %) mit dem Platz zufrieden, 116 (69,0 %) würden etwas ändern. Dies deutet auf eine klare Tendenz zur Unzufriedenheit mit der Gesamtsituation und einer Ablehnung der Hypothese hin. Scheinbar genügt der Platz den Ansprüchen seiner Nutzer nicht völlig. Innerhalb der Likert-Skala gaben 82,4 % der Befragten an, sich auf dem Platz unwohl zu fühlen. An der Spitze der Änderungswünsche steht, wie bereits erwähnt, der Wunsch nach verbesserter Begrünung. Die Formulierungen variieren von „mehr Grün", „grüner machen", „mehr Bäume, Blumen und Sträucher" über „gepflegtere Grünanlagen". Einige forderten die bessere Pflege der Grünanlagen, andere wünschten sich Pflanzenkübel auf dem Platz. Weiterhin forderte eine beträchtliche Anzahl der Probanden, insgesamt 20 (10,9 %), die Milchtöpfe entweder zu entfernen oder deren Design zu ändern. Zusätzliche Änderungswünsche waren „weniger grau", die Hauptpost und das Hotel zu ändern bzw. deren Front, den Platz bunter zu gestalten, eine Verkehrsberuhigung, die Teilung aufzuheben, den Platz moderner zu gestalten, das Gewandhaus zu ändern, attraktive Läden zu schaffen, mehr Sitzgelegenheiten zu errichten, Info-Tafeln aufzustellen, den Brunnen vor der Oper zu verschönern, weniger Stein zu verwenden, den Stil zu vereinheitlichen, ein Spielplatz, das Karl-Marx-Relief wieder aufzustellen, Kunststatuen, mehr Abendbeleuchtung und das einstige Antlitz des Platzes wieder herzustellen.

6.3 Ergebnisse der Atmosphärenuntersuchung

Die Auswertung der Atmosphärenbeschreibungen verdeutlichte die damit verbundenen Probleme. Festzustellen ist zuerst, dass keineswegs eine einheitliche Atmosphäre ausgemacht werden konnte, sondern dass die Empfindungen diesbezüglich sehr divers sind. Zudem schienen die Probanden Schwierigkeiten damit zu haben, ihre Gefühle deutlich zu äußern. Es wird immer wieder auf real sichtbare Strukturen zurückgegriffen, die deutend gewertet werden, anstatt die damit verbundenen Gefühlsmomente zu beschreiben.

Bezug genommen wird vor allem auf die Belebtheit des Platzes. Der Platz wird einerseits als hektisch, überfüllt und voller Menschen beschrieben. Dabei wird diese Belebtheit entweder als angenehm oder als anstrengend empfunden. „Ich fühle mich bedrängt, gestört, genervt von den Menschenmassen", der Platz ist „völlig überfüllt" beschreibt eine Besucherin den Platz an einem Samstagnachmittag. Andere genießen diese Belebung, auch unter der Woche: „der Platz lebt".

Andererseits wird der Platz als sehr stark kontrastiv empfunden. Der Platz hebe sich deutlich vom Rest der Innenstadt ab als eine Art Gegenpol zu den relativ engen und überfüllten Straßen der Altstadt. Der Platz sei eine „Oase der Ruhe durch seine Größe", „er lenkt vom übrigen Trubel ab." Die Umgebung des Platzes wird als hektisch beschrieben, der Platz, im Kontrast dazu, entspannend.

Dabei mache gerade die Nähe zur Innenstadt das besondere Flair des Platzes aus. Einkäufer, Besucher usw. entfliehen dem Gedränge der Altstadt und finden sich auf einem sich weit vor ihnen öffnenden Platz wieder, der in einem deutlichen Gegensatz zur Umgebung steht, nicht nur aufgrund seiner Weite, auch architektonisch sind deutliche Differenzierungen vorhanden.

Eine Rolle für die Wirkung und Anmutung des Platzes spielt sicherlich die Zeit – die Tageszeit einerseits: mehrere Probanden sprechen von der beruhigenden nächtlichen Wirkung des Platzes und dessen Gemütlichkeit. Diese hebt sich sehr stark von der Hektik des Tages ab, wenn der Platz ein „von Leben pulsierender Raum" ist, der „keine Zeit für Ruhe oder Besinnung" zulässt. Zudem scheinen Unterschiede nicht nur im Tagesverlauf zu bestehen, sondern zeichnen sich einerseits im Wochenverlauf, andererseits je nach Jahreszeit unterschiedlich ab.

Weiter wird Bezug genommen auf die Größe des Platzes, die sich in der gefühlsmäßigen Perzeption des Platzes bemerkbar macht. Vor allem die Weiträumigkeit scheint es zu sein, die hervorsticht und dergestalt immer wieder betont wird. Es ist die Rede von der „weit entfernten Seite", von der „Weite des Raumes". Diese Weite zeigt sich einerseits als Vorzug. Nach dem Gedränge der Innenstadt bietet der Platz Bewegungs- und Sichtfreiheit. Der Platz sähe luftig aus, schreibt eine Probandin. Eine andere berichtet von einem angenehmen Gefühl der Ungebundenheit: „Man fühlt sich hier so frei", „Hier kann man einmal durchatmen, Luft holen". Es ist die Weite, die dieses Gefühl der Freiheit erzeugt. Keine engen Mauern schränken den Bewegungsdrang ein, der Blick kann sich entspannen und schweifen. Doch kann diese Weite ebenso Unbehaglichkeit hervorrufen. Durch die Übermächtigkeit der Architektur und des Raumes wird der einzelne Mensch in seiner Erscheinung reduziert, einige Probanden erfuhren sich als nichtig und unbedeutend. „Ich fühle mich klein und verlassen" beschreibt eine Probandin ihre Empfindungen. „Ich möchte flüchten". Zudem scheint die Weite des Platzes Ungemütlichkeit hervorzurufen. Der Platz sei „leer und trist" oder „öde und verlassen" im Vergleich zur übrigen Innenstadt. Der großzügigen Freifläche steht vergleichsweise wenig Inventar zur Verfügung, wodurch assoziativ eine Sinnleere empfunden wird. Dieses Gefühl ist jedoch sehr subjektiv. Anderen erscheinen die Elemente auf dem Platz diesem seine Weitläufigkeit zu nehmen. Die Parkhauseingänge seien zu groß und zu dominant, die Pergola verkleinere den Platz optisch. Wieder andere empfinden die Straßenbahntrasse, die den Platz mittig trennt, als dem Platz Lebhaftigkeit verleihend und Stillstand vermeidend. Sie „bringt gewisse Lebendigkeit, aber auch Unruhe …". Die Bahnen „lärmen und rattern" und kommen nie zur Ruhe, die Haltestellen wirken wie ein Bienenstock, Menschen kommen und gehen, vor allem während der Stoßzeiten herrscht einiges Gewimmel, so wird die Situation an der Straßenbahntrasse beschrieben. Die Wirkung, die davon ausgeht, ist so stark, dass einige dem Augustusplatzes vor allem Bedeutung als Umsteigeplatz zuweisen. „Der Platz ist eher da, um von A nach B zu gelangen und auf die Straßenbahn zu warten". Hier wird die transitorische Funktion des Platzes stark betont. Dies scheint noch unterstützt zu werden, durch geringe Anreize zum Verweilen. Die Bänke stünden so verlassen und ungeordnet am Rand und wirkten nicht einladend, äußert eine Probandin. Zudem seien sie nicht überdacht und erfüllten somit nur bei gutem Wetter ihren Zweck. Ebenso wird die Pergola in ihrer Verbindung aus Stahl und Glas mit den Bauten darunter (im Süden) als störend empfunden, auch für das Gesamtbild der Innenstadt, obgleich sie eine Schutzfunktion erfüllt und die nördliche mit der südlichen Platzhälfte verbindet sowie den Platz zur Stadt hin abschließt.

Das unter der südlichen Pergola gelegene Restaurant Augustus und der Zeitungskiosk mit der Sparkasse liegen nach Meinung der Befragten strukturell etwas ungünstig und scheinen den direkten Weg in die Innenstadt zu versperren. An der Stelle, wo das „Tor zur Stadt" sein sollte, befindet sich aufgrund der Zufahrt zur Tiefgarage jetzt ein kleiner Verkehrsknotenpunkt. Der Bereich wirke chaotisch. Mit dem Universitätsneubau bekäme der Zugang zur Innenstadt zudem eine einengende Wirkung.

Für andere Probanden wiederum hat der Platz gewisse Aufenthaltsqualitäten. „Der Platz ist ein beliebter Treffpunkt vor allem für ältere Leipziger aber auch für Familien" oder „Ich sitze gerne hier", sagt eine Probandin. Betont wird dabei der Vorzug, dass man viele Menschen auf dem Platz antreffen und beobachten kann. Vor allem die Brunnen wirken als Anziehungspunkte. Es sei ein phantastisches Gefühl, dort zu sitzen, das Plätschern des Wassers ließe die Gedanken schweifen und erinnere an wärmere, südlichere Gefilde. Die Fontäne in der Nordhälfte des Platzes lockere das Gesamtbild auf. Die Schlichtheit des Brunnens verleihe der Platzseite Eleganz, die Wirkung sei kühl, beinahe leer, aber dadurch auch reizvoll. Zudem stünde der Part in starkem Gegensatz zur südlichen Platzhälfte. Der Mendebrunnen auf der Südhälfte wirke mit seinen Blumenrabatten als „optische Erfrischung". Die Blumen setzten „farbliche Akzente". Der Brunnen insgesamt mit seinen kunstvollen Figuren „lädt zum Betrachten ein" und bietet aus unterschiedlichen Perspektiven stets etwa Neues. Die Atmosphäre am Mendebrunnen wird sehr konkret als entspannend und gemütlich charakterisiert, als einladend und interessant. Die Baumreihen vor bzw. hinter der Pergola werden als verbindende Elemente angesehen. Sie „bringen Gesamtheit zum Ausdruck" in Bezug auf das Platzbild. Zudem vermitteln sie das „Gefühl, geschützt zu sein". Die Baumreihen auf der gegenüberliegenden Seite (Ostseite) hingegen sorgen dafür, dass der Platz einigermaßen „abgeschirmt vom Straßenlärm" ist. Ein Besucher befindet, die Bäume „umrunden kontrastiv den Platz" und „bringen einen Hauch von Natur ins

Stadtbild". Die Baumreihen seinen ein Auflockerungsversuch, aber eben nur ein Versuch, der, wie eine Probandin feststellt, nicht gelingt. Die Bäume verschwänden förmlich in der Weite des Platzes für den Betrachter, sicherlich auch aufgrund ihrer (noch) geringen Höhe. Tendenziell wird die natürliche Komponente als zu kurz gekommen eingeschätzt. Die Grünflächen werden als ungepflegt bemängelt, es bedürfe mehr Blumen. Zudem werde den Baumreihen durch die quadratische Umrandung ihre natürliche Note genommen. Dadurch komme dem Platz ein tristes Flair anheim, das in der stark kubischen Form der umgebenden Gebäude noch verstärkt wird. Die einfachen geometrischen Figuren und die verschiedenen Grau- und Brauntöne werden als unangenehm empfunden. Der Platz wirke dadurch zubetoniert, karg und leblos. Seine Belebung scheint nur durch die menschliche Aneignung erzeugt zu werden, jedoch nicht durch die Platzelemente.

Das Opernhaus wird als groß, wuchtig und schlicht beschrieben, jedoch auch als schön und prunkvoll sowie eher klassisch. Seine goldenen Fassadenelemente würden der Atmosphäre des Platzes etwas Edles verleihen. Das Gebäude wird als geschichtsträchtig empfunden.

Das Gewandhaus gegenüber wird einerseits als schön, einladend und angemessen (für ein Konzerthaus), andererseits als unattraktiv beschrieben. Den Gebäuden an der Ostseite des Platzes wird architektonische Eintönigkeit nachgesagt, die Hauptpost wird als extrem schmucklos und unansehnlich beschrieben. Zusammen mit dem Hotel ‚Radisson' trüge das Gebäude nicht im Geringsten zu einer angenehmen Atmosphäre des Platzes bei. Hier sei es vor allem der ästhetisch desolate Zustand des Postgebäudes, der sich negativ auswirke und nicht unbedingt die moderne Bauweise.

Die Parkhausausgänge werden in ihrer gestalterischen Idee als gut bewertet. Eine Besucherin schreibt, anfangs „sahen sie aus wie Zylinder von einem anderen Stern". Inzwischen habe sich ein Gewöhnungseffekt eingestellt, so dass der Platz nicht mehr ohne die Zylinder vorstellbar sei. Sie trügen zur Modernität des Platzes bei und verliehen dem Platz bei Dunkelheit sogar eine besondere Note durch das von ihnen ausstrahlende diffuse Licht. Vielen jedoch erscheinen sie als harmonischer Störfaktor aufgrund ihrer Größe und des Designs.

Der angrenzende Straßenverkehr, der sich auch trotz der hügelförmigen, von einer Mauer begrenzten Abschirmung nicht gänzlich ausblenden lässt und der

Querverkehr auf dem Platz, vor allem der Straßenbahnverkehr sowie der Fußgänger- und Radfahrerverkehr all jener, die den Platz transitorisch nutzen, verursachen scheinbar eine hektische, ungehaltene, teilweise beunruhigende Atmosphäre. Die symmetrische, gleichsame und weiträumige Anlage des Platzes gliche diese Wirkung jedoch ein wenig aus. Der Platz wird als definitiv belebt empfunden. Der Hektik des Tages steht eine eher beschauliche, durch besondere Beleuchtungseffekte noch verstärkte gemütliche Atmosphäre gegenüber. Die Wirkung des Platzes wird derzeit durch die Baumaßnahmen an der südlichen Westseite (Universitätsneubau) als stark beeinträchtigt angesehen. Aus den Aussagen der Probanden und eigenen Beobachtungen lassen sich auf dem Augustusplatz nach den Kategorie-Vorschlägen von Rainer Kazig (2008) folgende Atmosphären ausmachen:

1. Atmosphäre der Weitung

   Diese wird durch die Größe und Flächigkeit des Platzes sowie durch den zusätzlichen Raum aufgrund der Rückversetzung der Gebäudefronten durch dazwischenliegende Straßen (zumindest an der Ost- und Westseite) erzeugt.

2. Durchgangsatmosphäre

   Diese wird vor allem aufgrund der deutlich erkennbaren stark transitorischen Funktion des Platzes empfunden, dergestalt, dass eine hohe Anzahl Personen den Platz lediglich überquert.

3. Leicht gefährliche Atmosphäre

   Diese herrscht vor allem an den Platzzugängen, insbesondere in der Mitte der westlichen Platzseite vor, an der die Interessen unterschiedlicher Verkehrsteilnehmer aufeinandertreffen.

4. Atmosphäre ästhetischer Anregung

   Diese ist vor allem im Bereich der Brunnen bzw. des Opernhauses und des Gewandhauses vorherrschend und wird einerseits durch die künstlerische Gestaltung der Platzelemente (z.B. des Mendebrunnens) andererseits durch die sich dort mit einem künstlerischen Interesse (z.B. für klassische Musik – Gewandhaus bzw. Oper) zusammenfindenden Personen erzeugt.

5. Atmosphäre der Reduktion

Diese wird vor allem durch die spartanische Möblierung und die stark kubische Formgebung sowie das relativ moderne und schlichte Design der Elemente auf und am Platz erzeugt.

7. Diskussion

7.1 Zusammenfassungen der Ergebnisse der empirischen Studie

Die wichtigsten Ergebnisse der empirischen Untersuchung unter Beachtung der entsprechenden Forschungsfragen und Hypothesen sind folgende:

Forschungsfrage1: Wie wird der Platz genutzt/benutzt?

Hypothese 1: Die Nutzung des Platzes lässt sich unterteilen in Transfer- und Freizeitnutzung. Die transitorische Funktion des Platzes überwiegt deutlich.

Der Leipziger Augustusplatz stellt sich hinsichtlich seiner Funktion einerseits als Transferraum im Stadtbild dar und verfügt andererseits über Aufenthaltsqualitäten und –anreize und lädt ein zum Verweilen. Insgesamt überwiegt seine Transferfunktion. Auf dem Platz sind bestimmte Bereiche vorhanden, in denen jeweils entweder die Transferfunktion oder die Aufenthaltsfunktion stärker vorhanden ist. Der Transferbereich konzentriert sich vor allem mittig im Bereich der Straßenbahntrasse sowie auf bestimmten Wegen quer über den Platz. Die nördliche und südliche Freifläche mit dem jeweiligen zentralen Brunnen dient eher als Aufenthaltsraum, wobei Sitzgelegenheiten aufgesucht werden wie Bänke oder Steinmauern. Hinsichtlich des Aufenthaltsverhaltens sind Unterschiede bei den jeweiligen Nutzergruppen festzustellen, so neigen Beschäftigte, vor allem Studenten stärker zu reinem Querungsverhalten. Jedoch sind unter den Beschäftigten auch die höchsten Anteile von „Nur-Verweilern" auszumachen. Es herrschen bestimmte Zeiten vor, in denen die Frequentierung sehr hoch ist: tagsüber ab Mittag bis etwa 21 Uhr sind die höchsten Zahlen festzustellen. Personen, die sehr früh (zwischen 6 und 12 Uhr) auf dem Platz sind, zählen meistens zu täglichen Nutzern, so dass der Platz in ihren Alltagsweg integriert ist. Funktion hat der Platz vor allem für

Zugänge zur Innenstadt, Arbeitswege und Straßenbahnzugang (ein-, aus-, umsteigen), jedoch dient er ebenso für Spaziergänge, Ruhepausen (zum Beispiel auf der Bank oder an den Brunnen) oder als Treffpunkt.

Hypothese 2: Der Platz wird außeralltäglich nur aufgesucht, wenn bestimmte Veranstaltungen und Aktionen dazu animieren.

Bei den selteneren, also den außeralltäglichen Nutzungen stehen an erster Stelle öffentliche Events sowie ins Gewandhaus bzw. die Oper gehen. Zwar wird der Platz im seltenen Gebrauch ebenso als Treffpunkt, zum Ausruhen, Spazierengehen oder Straßenbahnzugang genutzt, jedoch zahlenmäßig geringfügiger. Somit kann gesagt werden, dass der Platz außeralltäglich vor allem (nicht nur) aufgesucht wird, wenn bestimmte Anreize in Form von Ereignissen oder Veranstaltungen vorliegen.

Hypothese 3: Dem Augustusplatz wird als Kulturträger, Erinnerungsort und Identifikationspunkt für die Stadt Leipzig Bedeutung zugemessen.

Der Augustusplatz hat neben seinen Nutzenfunktionen auch eine Funktion als Kulturträger und Erinnerungsort, in dieser wird er von seinen Nutzern auch wahrgenommen. Dem Platz wird Bedeutung als Gedenkstätte der friedlichen Revolution 1989 eingeräumt. Hingegen ist seine Bedeutung als wichtige Sehenswürdigkeit nicht völlig eindeutig. Das Hintergrundwissen über den Platz bestätigt die Aussagen der Probanden nur teilweise. Die meisten Befragten verfügen zwar über Detailwissen, jedoch nur solches, das über Medien projiziert wird. Beispielsweise war nur wenigen bewusst, dass der Augustusplatz lange Zeit nur eine Parkplatzfunktion hatte.

Hypothese 4: Bedeutung erhält der Platz auch durch seine Multifunktionalität (Versammlungsort, Kundgebungen, Öffentliche Events, Konzerte), seine äußere Gestaltung wirkt hierfür begünstigend. Der Platz wird vielseitigen Interessen gerecht.

An den Augustusplatz wird eine Reihe von Anforderungen gestellt, denen der Platz aufgrund seiner Gestalt und Lage offenkundig gerecht wird. Der Platz wird stark als Aufenthaltsraum angesehen. Anhand der empirischen Daten könnte man schlussfolgern, dass der Platz vielseitigen Interessen gerecht wird, in den konkreten Aussagen kommt dies jedoch nicht zum Tragen. Die Mehrzahl der Untersuchungsteilnehmer befand, dass der Platz eher nicht vielseitigen Interessen gerecht wird.

Forschungsfrage 2: Wie wird der Augustusplatz hinsichtlich seiner Attraktivität bewertet?

Insgesamt wird der Augustusplatz als mäßig attraktiv und anschaulich erfahren hinsichtlich seiner äußeren Gestalt. Abstriche werden dabei vor allem durch das Postgebäude, den Hotelneubau an der Ostseite des Platzes und die zylinderförmigen Parkhausausgänge verursacht. Die Qualität des Platzes wird auch durch seine unzulängliche Begrünung beeinträchtigt.

Hypothese 5: Mit steigender Nutzungsintensität des Platzes für alltägliche Wege, sinkt die Wertschätzung des Platzes.

Die Beantwortung dieser Forschungshypothese gestaltete sich als schwierig aufgrund der Stichprobenzusammensetzung. Eine Antwort muss insofern offen bleiben.

Hypothese 6: Der Platz genügt den Ansprüchen seiner Nutzer. Es besteht kein Änderungsbedarf.

Die Mehrheit der befragten Personen ist mit der Gestaltung des Augustusplatzes unzufrieden und würde etwas verändern oder verbessern wobei die Parkhausausgänge und die Begrünung an erster Stelle stehen. Zudem sollte der Platz bunter werden, der die Aufenthaltsqualität reduzierende Störfaktor Verkehr überdacht werden und vermehrt Anreize für Aufenthalte geschaffen werden (Sitzgelegenheiten, Installationen, Läden). Die Hypothese 6 konnte nicht bestätigt werden.

Forschungsfrage 3: Wie kann der Charakter des Augustusplatzes umschrieben werden?

Der Augustusplatz lässt sich als vor allem sehr weiträumiger innerstädtischer Platz charakterisieren. In seinen baulichen und gestalterischen Dimensionen stellt er sich als modern, eher künstlich und teilweise eher grau dar. Hinsichtlich seiner derzeitigen charakterlichen Äußerung und atmosphärischen Wirkung kann der Augustusplatz als eher sauber, einladend und schön gekennzeichnet werden, jedoch als eher deprimierend als aufheiternd und nicht ganz so interessant. Zudem wird der Platz als geschäftig beschrieben.

Forschungsfrage 4: Was für eine Einstellung ist bei Nutzern und Besuchern gegenüber dem Augustusplatz feststellbar?

Die Einstellung der Probanden gegenüber dem Augustusplatz erwies sich als eher negativ. Eine hohe Anzahl der Untersuchungsteilnehmer bestätigte, ein unangenehmes Gefühl auf dem Platz zu haben. Zudem wird der Platz stark als Verkehrsknotenpunkt angesehen. Der Platz scheint auch kein Identifikationspunkt zu sein, auf den Bewohner der Stadt stolz sind, nur wehr wenige sagten, dass sie den Augustusplatz eventuell Besuchern zeigen würden und er lädt nach Meinung der Befragten nicht zum Verweilen ein.

Forschungsfrage 5: Wie ist die atmosphärische Wirkung des Augustusplatzes.

Die atmosphärische Wirkung des Platzes steht einerseits in engem Zusammenhang mit dessen Gestalt und andererseits mit den Nutzungsstrukturen auf dem Platz. Die Weiträumigkeit und Leere des Platzes ist ein Aspekt, der die atmosphärische Wirkung des Platzes immens beeinflusst. Weiterhin wird die teilweise hektische Durchgangsatmosphäre deutlich wahrgenommen jedoch auch die durch die Weite hervorgerufene Beschaulichkeit und Ruhe des Platzes im Kontrast zur Enge und Überfüllung der Innenstadt. Durch die Verkehrsintegrierung ist ein gewisses Gefahrenpotential auf dem Platz vorhanden.

7.2 Schlusswort und Ausblick

Ziel dieser Studie war es, einen innerstädtischen Platz, den Leipziger Augustusplatz. als ‚gelebten' Raum zu beschreiben und zu charakterisieren. Im Konzept des ‚gelebten' Raumes findet eine Abwendung vom rein visuell wahrnehmbaren Raum und eine Zuwendung zum vom Menschen geprägten und diesen wiederum prägenden Raum statt. Der Raum sollte nicht als starres, materielles Gebilde betrachtet werden, sondern als konkreter Lebensraum, den der Mensch hervorbringt, in dem der Mensch handelt, den er sich aneignet und der daraufhin in einer atmosphärischen Wirkung zurückstrahlt.

Der Augustusplatz zeigte sich als konkretes Handlungsfeld in unterschiedlichen Ausprägungen. Er wird auf unterschiedliche Weise angeeignet und genutzt, wobei sich einerseits seine Gestalt und andererseits seine Lage in den Nutzungsstrukturen wiederspiegeln. Er hat eine sehr starke Transferfunktion. Anreize zu längerem Verweilen sind scheinbar eher in seiner Multifunktionalität als seiner gestalterischen Ausstattung begründet.

Der Leipziger Augustusplatz ist einer der größten innerstädtischen Plätze Europas und hat eine abwechslungsreiche Geschichte durchlaufen. Er entwickelte sich von einem einfachen Promenier- und Flanierplatz zu einem höchst repräsentativen innerstädtischen Raum der ehemals viertgrößten Stadt Deutschlands. Seine Pracht und harmonische Gestalt machte ihn zu deren Aushängeschild. Der Platz wurde zu einem belebten Kumulationspunkt städtischen Lebens. Seinen Funktionen als innerstädtischer Aufenthaltsraum mit aufwertenden Qualitäten wurde ein schicksalhaftes jähes Ende mit der Bombardierung am 3./4.12.1943 gesetzt. Was dabei an historischer Bausubstanz noch erhalten blieb, wurde einige Jahre später im neugegründeten sozialistischen Nachkriegsstaat dem Abriss preisgegeben. Eine für damalige Begriffe moderne und ästhetisch hochwertige Neubebauung entstand an Stelle des organisch gewachsenen historischen Gefüges. Vor allem aber wurde den relativ natürlich entstandenen Funktionen des Platzes in Folge keine Beachtung mehr geschenkt und ihm statt dessen seine neue Funktion und Bestimmung durch zentralen Beschluss indoktriniert und aufgezwungen. Der Platz wurde zum Demonstrationszentrum Leipzigs umfunktioniert sowie als Parkplatz. Erst nach dem politischen Umbruch im Herbst 1989, in dem der Augustusplatz als

Schauplatz der friedlichen Demonstrationen fungierte, begann man den Platz allmählich seiner ursprünglichen Funktion zurückzuführen.

Der Bruch in der Geschichte des Platzes wurde in den Raum eingraviert dergestalt, dass die einstige harmonische Ensemblestruktur durch eine eklektizistische, scheinbar zufällige Zusammenstellung der Platzkomponenten abgelöst wurde. Dem wurde versucht, durch eine möglichst gleichförmige und weitgehend unbewegte Platzgestaltung (Oberfläche, Farbgebung usw.) entgegenzuwirken. Mit der Erneuerung wurde dem Platz auch seine einstige Aufenthaltsqualität und seine Multifunktionalität zurückgeben. Die Parkgelegenheiten sind in die Tiefgarage unter den Platz verlegt worden und auf dem Platz hat man durch gestalterische Mittel versucht, einen sich dem Nutzer als einladend präsentierenden öffentlichen Raum zu schaffen. Die Ergebnisse dieser Studie zeigen aber, dass theoretisch noch eine Menge Handlungsbedarf besteht. Nutzer und Besucher des Platzes haben sich den Platz zwar wieder angeeignet, doch bedeutet das nicht, dass sich der Platz damit optimal darstellt. Eine Verbesserung der gestalterischen Qualitäten würde sicherlich die Einschätzung des Platzes deutlich verbessern. Dazu zählen verkehrstechnische Aspekte, die Begrünung des Platzes oder die vermehrte Bereitstellung von Sitzgelegenheiten. Der Platz scheint derzeit sich als zu steinern und zu starr zu präsentieren. Vor allem in den kalten Jahreszeiten, wenn die Brunnen ohne Wasser sind, wirkt der Platz regelrecht zubetoniert und leblos. Der Platz ist eine Bühne, die der Inszenierung städtischen Lebens dient, auf dem Events, Ereignisse, Märkte, Konzerte, Werbeaktionen usw. stattfinden, die sich nach dem Ende der ‚Vorstellung' aber wieder kühl und neutral dem Betrachter verschließt. Auf der anderen Seite ist es womöglich gerade diese Unvoreingenommenheit des Platzes, die sein besonderes Flair kennzeichnet. Der Platz macht, vor allem durch seine spärliche Möblierung, kaum Vorgaben, sondern eröffnet dem Nutzer und Betrachter Freiheit, den Platz nach seinen eigenen Wünschen und Ansprüchen anzueignen und zu beleben. Dadurch wird Spannung erzeugt und Phantasie angeregt.

Spannung besteht auch im Hinblick auf das derzeit in Realisierung begriffene Bauvorhaben Universitätsneubau. Das neue Hauptgebäude wird das Antlitz des Augustusplatzes nochmal sehr verändern und dadurch auch seine Nutzungsstrukturen und seinen Stellenwert im städtischen Gefüge. Es wird von

Interesse sein, wie sich der Platz anschließend darbietet und inwieweit der Neubau auf die atmosphärische Wirkung des Platzes einwirkt und ob der Neubau den Platz und seine Nutzungsstrukturen von Grunde auf verändern wird oder sich allen Umgestaltungsmaßnahmen zum Trotz auch weiterhin in seiner altbekannten Ansicht präsentiert.

Literaturverzeichnis

AMINDE, J.-J. (2004): Plätze in der Stadt. in: Knirsch, J. (2004): Stadtplätze. Architektur und Freiraumplanung. 2004. Leinfelden-Echterdingen.

ARNOLD, K.-U. (2004): Leipzig 1954 – 1979. Trümmer. Abriss. Neubau. Veränderung eines Stadtbildes. Leipzig

BAHRDT, H.-P. (2006): Die moderne Großstadt. Soziologische Überlegungen zum Städtebau. Wiesbaden

BAIER, F.X. (2000): Der Raum. Prolegomena zu einer Architektur des gelebten Raumes. Köln

BEHRENDS, R. (1992): Der Augustusplatz. Vom Werden und von den Schicksalen eines großen Platzes. in: Paulinerverein Leipzig (Hg.) (1992): Universitätskirche Leipzig – Ein Streitfall? Leipzig

BENEVOLO, L. (1990): Die Geschichte der Stadt. Frankfurt a.M.

BENNEMANN, P. (1940): Geschichtliche Wanderungen durch die Reichsmessestadt Leipzig. Leipzig

BETTE, K.-H. (1999): Die Rückeroberung des städtischen Raums: Straßensport. in: Bollmann, S. (1999): Kursbuch Stadt. Stadtleben und Stadtkultur an der Jahrtausendwende. Stuttgart

BÖHME, G. (1998a): Die Atmosphäre einer Stadt. in: Breuer, G. (Hg.) (1998): Neue Stadträume. Zwischen Musealisierung, Medialisierung und Gestaltlosigkeit. Frankfurt a.M.

BÖHME, G. (1998b): Anmutungen. Über das Atmosphärische. Ostfildern vor Stuttgart

BOLLNOW, O.F. (1994): Mensch und Raum. Stuttgart

BÜHL, A., ZÖFEL, P. (1998): SPSS für Windows Version 7.5. Bonn

BÜHNER, M. (2006): Einführung in die Test- und Fragebogenkonstruktion. München

CAMPEN, I., DAMMINGER, F., SCHUMANN, A., HEMPELMANN, R., NIEDERFEILNER, A., SVENSHOB, H., WESTPHALEN, T. (1996): Stadtarchäologie in Leipzig. Überblick 1995 – 1996. In: Archäologie aktuell im Freistaat Sachsen, 4/1996, Dresden, s. 183 – 219

CHARBONNEAU, J.-P. (2002): Lyon and Saint-Etienne: Public Space Policies. in: Topos (2002). Urban Squares. Plätze und städtische Freiräume von 1993 bis heute. München

COMITÉ INTERNATIONALE D'HISTOIRE DE L'ART (1987): Glossarium Artis 9: Städte. Stadtpläne, Plätze, Straßen, Brücken. München

DIEKMANN, A. (1998): Empirische Sozialforschung. Grundlagen, Methoden, Anwendungen. Reinbeck

DÜRCKHEIM, K. VON (1932): Untersuchungen zum gelebten Raum. in: Felix Krueger (Hg.) (1932): Neue psychologische Studien. München

EINSTEIN, A. (1954): Vorwort zu: Jammer, M. (1954): Das Problem des Raumes. Die Entwicklung der Raumtheorien. Darmstadt

FAVOLE, P. (1995): Plätze der Gegenwart. Der öffentliche Raum in der Architektur. Frankfurt a.M.

FELLMANN, W., CZOK, K. (1981): Leipzig, Stadtführer-Atlas. Berlin

FELLMANN, W., CZOK, K. (1991): TOURIST Stadtführer-Atlas. Leipzig

GERBEL, C., KANNONIER, R., KÖRNER, A., UHL, H. (1996): Urbane Eliten und kultureller Wandel. Bologna – Linz – Leipzig – Ljubljana. Wien

GERDES, L. (1985): Zur Trialektik von Platz, Kunst und Öffentlichkeit, in: Kunstforum (Res Publica), Bd. 81, 4/85.

GLEICHMANN, P.R. (2006): Soziologie als Synthese. Zivilisationstheoretische Schriften über Architektur, Wissen und Gewalt. Wiesbaden

GRUNDMANN, L., TZSCHASCHEL, S., WOLLKOPF, M. (Hg.) (1996): Leipzig. Ein geographischer Führer durch Stadt und Umland. Leipzig

HAFFNER, H. (2005): Orte – Plätze – Räume. Vom Umgang mit der Stadt. München

HAVER, E.C. (1974): Der geographische Raum in der Vorstellungswelt des Menschen. Über die Beziehungen sozialer Gruppen zu ihrer geographischen Umwelt. Dissertation. München

HARD, G. (1993): Über Räume reden. Zum Gebrauch des Wortes „Raum" in sozialwissenschaftlichem Zusammenhang. in: Mayer, J. (Hg.) (1993): Die aufgeräumte Welt. Raumbilder und Raumkonzepte im Zeitalter globaler Marktwirtschaft. Loccumer Protokolle 74/92. Loccum

HASSE, J. (2002): Die Atmosphäre einer Straße. Die Drosselgasse in Rüdesheim am Rhein. In: Hasse, J. (Hg.) (2002): Subjektivität in der Stadtforschung. Frankfurt a.M.

HASSE, J. (Hg.) (2008a): Die Stadt als Raum der Atmosphären. Zur Differenzierung von Atmosphären und Stimmungen in: Stadt und Atmosphäre. In: Die alte Stadt. Vierteljahreszeitschrift für Stadtgeschichte, Stadtsoziologie, Denkmalpflege und Stadtentwicklung. Heft 2/2008, Jg. 35. Remshalden

HASSE, J. (2008b): Licht und Atmosphäre. Zur Dämmerungs- und Dunkelästhetik der Altstadt. In: Stadtmarketing, 6/2008, s. 506 – 511

HAUSKELLER, M. (1995): Atmosphären erleben. Philosophische Untersuchungen zur Sinneswahrnehmung. Berlin

JÄHNE, J. (1958): Der Karl-Marx-Platz und seine sozialistische Perspektive, in: LVZ vom 7. August 1958, http://www.wischer-leipzig.de/quelle5.htm, Zugriff: 16.09.2008

HERLYN, U., POBLOTZKI, U. (Hg.) (1992): Zur Nutzungsgeschichte von ausgewählten Grün. Und Freiflächen Hannovers. in: Von großen Plätzen und kleinen Gärten. München

JAMMER, M. (1954): Das Problem des Raumes. Die Entwicklung der Raumtheorien. Darmstadt

JOHANNSEN, R.H. (2003): Plätze Europas. Hildesheim

KALTENBRUNNER, R. (2004): Unter Druck – Der öffentliche Raum im Kontext von „shrink-city" und gesellschaftlichem Wandel. in: Nagler, H., Rambow, R., Sturm, U. (Hg.) (2004): Der öffentliche Raum in Zeiten der Schrumpfung. Berlin

KAZIG, R., WIEGANDT, C.C. (2006): Zur Stellung von Architektur im geographischen Denken und Forschen, in: Wolkenkuckucksheim, 10. Jh., Heft 1, September 2006

KAZIG, R. (2008): Typische Atmosphären städtischer Plätze. Auf dem Weg zu einer anwendungsorientierten Atmosphärenforschung. in: Hasse, J. (2008): Stadt und Atmosphäre. In: Die alte Stadt. Vierteljahreszeitschrift für Stadtgeschichte, Stadtsoziologie, Denkmalpflege und Stadtentwicklung. Heft 2/2008, Jg. 35. Remshalden

KNIRSCH, J. (2004): Stadtplätze. Architektur und Freiraumplanung. Leinfelden-Echterdingen.

KRUSE, L. (1974): Räumliche Umwelt. Berlin

LÄPPLE, D. (1993): Thesen zu einem Konzept gesellschaftlicher Räume. in: Mayer, J. (Hg.) (1993): Die aufgeräumte Welt. Raumbilder und Raumkonzepte im Zeitalter globaler Marktwirtschaft. Loccumer Protokolle 74/92. Loccum

LÄSSIG, K., LINKE, R., RIETDORF, W., WESSEL, G. (1971): Straßen und Plätze. Beispiele zur Gestaltung städtebaulicher Räume. Berlin

LICHTENBERGER, E. (2002): Die Stadt. Von der Polis zur Metropolis, Darmstadt 2002

MAYRING, P. (1996): Einführung in die qualitative Sozialforschung. Weinheim

MIGGELBRINK, J. (2002): Der gezähmte Blick. Zum Wandel des Diskurses über „Raum" und „Region" in humangeographischen Forschungsansätzen des ausgehenden 20. Jahrhunderts. Beiträge zur Regionalen Geographie, Bd. 55. Leipzig

MÖBIUS, A. (1997): Leipzig. Gestern, heute und morgen. Leipzig

PODRECCA, B. (2004): Offene Räume / Public Spaces. Wien

RIEDEL, H. (2005): Stadtlexikon Leipzig von A bis Z. Leipzig

RONNEFELDT, C. (2003): Zur Grimmaischen Vorstadt. Die Ausgrabungen auf dem Augustusplatz in Leipzig. in: Hocquél, W. (Hg.) (2003): Archäologie und Architektur. Das frühe Leipzig. Beucha

RUDOLPHI, H. (1921): Die Entwicklung des Stadtplans von Leipzig. in: Beiträge zur deutschen Kartographie. Leipzig

SAKAMOTO, H. (1994): Grundlagen des Entwurfs von Stadtplätzen. Ein systematisches Formenrepertoire der Platzgestaltung (Dissertation). Universität Stuttgart

SCHUBERT, H. (2000): Städtischer Raum und Verhalten. Zu einer integrierten Theorie des öffentlichen Raumes. Opladen

SOJA, E. (2003): Thirdspace – Die Erweiterung des Geographischen Blicks. In: Gebhardt, H., Reuber, P., Wolkersdorfer G. (Hg.) (2003): Kulturgeographie. Aktuelle Ansätze und Entwicklungen. Heidelberg

SIEVERNICH, G. (2004): Von Straßen und Plätzen. in: Nagler, H., Rambow, R., Sturm, U. (Hg.) (2004): Der öffentliche Raum in Zeiten der Schrumpfung. Berlin

STRASSEL 1996: Den Platz als Ort verstehen. Zur Analyse der Semantik neuerer Freiraumgestaltungen. in: Holand, Y.J., Strassel J. (1996): Zur semantischen Analyse neuerer öffentlicher Plätze in europäischen Städten. Oldenburg

STRÖKER, E. (1965): Philosophische Untersuchungen zum Raum. Frankfurt a.M.

THURNER, R. (1993): Lebenswelt und gelebter Raum. Grundzüge des phänomenologischen Raumbegriffs und Möglichkeiten seiner Anwendung. in: Mayer, J. (Hg.) (1993): Die aufgeräumte Welt. Raumbilder und Raumkonzepte im Zeitalter globaler Marktwirtschaft. Loccumer Protokolle 74/92. Loccum

TOPFSTEDT, T. LEHMANN, P. (Hg.) (1994): Der Leipziger Augustusplatz. Funktionen und Gestaltwandel eines Großstadtplatzes.

UNIVERSITÄTSARCHIV LEIPZIG, Bestand Rektorat: 198a

WASMUTHS Monatshefte (1929): Das Krochhochhaus in Leipzig. (ohne Autor)

WEBB, M. (1990): Die Mitte der Stadt. Städtische Plätze von der Antike bis heute. Frankfurt am Main

WEIDINGER, C. (1989): Leipzig. Ein Führer durch die Stadt und ihre Umgebung. Leipzig

WETTBEWERBSUNTERLAGEN (1994): Ideenwettbewerb zur Neugestaltung des Leipziger Augustusplatzes

WINTER, C. (1998): Gewalt gegen Geschichte. Der Weg zur Sprengung der Universitätskirche Leipzig. Leipzig

WOLFRUM, S. (2003): Haben Städte eine Seele? http://www.janson-wolfrum.de/seele.htm, Zugriff: 29.08.2008

WUSTMANN, G. (1897): Bilderbuch aus der Geschichte der Stadt Leipzig für alt und jung (Reprint 1990). Leipzig

ZÖLLNER, S. (2006): Stadtplatz Münchner Freiheit. Soziale Dimensionen eines öffentlichen Raumes. in: WIEGANDT, C.-C. (Hg.): Öffentliche Räume – öffentliche Träume. Zur Kontroverse über die Stadt und die Gesellschaft. Münster